슈퍼팬의 시대

팬·기술·플랫폼이 만들어내는 콘텐츠 이코노미 2.0
슈퍼팬의 시대

| 한정훈 지음 |

You don't need millions of fans,
just 1,000 true ones.

수백만 명은 필요하지 않다
진짜 팬 1,000명이면 충분하다
— 케빈 켈리(Kevin Kelly) —

/ 차 / 례 /

프롤로그 / 9

1부 슈퍼팬이 온다

1장 슈퍼팬 이코노미

슈퍼팬은 누구인가 / 20
슈퍼팬 생태계, 어떻게 구축할 것인가 / 25
슈퍼팬덤을 만드는 기술, 엔터테크 / 33
K-콘텐츠의 미래, 슈퍼팬이 바꾼다 / 44
스트리밍 시대의 역설 : 넷플릭스 투둠이 놓친 수퍼팬의 진실 / 57

2장 슈퍼팬 비즈니스

스포츠 비즈니스, 미디어와 엔터테인먼트의 경계를 허물다 / 66
푸드 산업, 스토리텔링과 디지털 혁신 전략 / 76
뷰티 산업, 감성과 테크놀로지의 결합 / 85
교육, 학습자 중심의 슈퍼팬 전략 / 97
엔터테인먼트, 몰입·참여·창작의 선순환 / 106
2030년, 슈퍼팬 경제의 미래 / 115
슈퍼팬이 판을 바꾼다 : <불꽃야구>가 보여준 가능성과 미래 / 120

2부 엔터테크가 바꾼다

3장 엔터테크 트렌드

엔터테크, 콘텐츠의 경계를 허무는 기술 혁신 / 132
2030년 엔터테크 시장 전망 / 138
한국 엔터테크 산업, 어디까지 왔나 / 149
K-엔터테크 허브, 서울 / 161
<오징어게임>이 남긴 것 : 글로벌 슈퍼팬 문화와 K-콘텐츠의 새로운 시대 / 170

4장 글로벌 엔터테크 기업 현황

글로벌 주요 엔터테크 기업들 / 182
아시아 주요 엔터테크 혁신 기업들 / 198
주목받는 글로벌 엔터테크 스타트업 / 212

5장 한국 엔터테크 기업들의 움직임

주요 엔터테인먼트 기업들 / 226
엔터테크를 선도하는 주요 기업들 / 237

에필로그 / 256

―― 프롤로그 ――

기술이 팬덤을 만들고, 팬덤이 비즈니스를 바꾼다

디지털 플랫폼과 스트리밍 서비스가 일상이 된 지금, 비즈니스 세계에 근본적인 변화가 일어나고 있다. 과거 기업들이 '대중'을 대상으로 많은 사람에게 소량을 판매하는 전략에 집중했다면, 이제는 소수의 열렬한 팬에게 더 많은 가치를 제공하는 것이 훨씬 더 효과적이라는 사실이 입증되고 있다. 이것이 바로 '슈퍼팬 이코노미(Superfan economy)'의 핵심이다.

팬덤은 인류 역사와 함께해 온 현상이다. 정치 지도자를 향한 열광적 지지, 종교적 신념에 대한 헌신, 스포츠팀을 향한 무조건적 사랑 등 모든 성공의 뒤에는 열성적인 지지자들이 있었다. 이들은 단순한 관찰자가 아니라 적극적인 참여자이자 전도사 역할을 하며, 어떤 역경에도 굴복하지 않는 강인한 결속력을 보여준다. 그런데 디지털 시대가 도래하면서 이러한 팬덤의 힘이 비즈니스 영역에서 전례

FC 바르셀로나 유료 회원 모집(출처: FC바르셀로나)

없는 규모와 영향력으로 발현되기 시작했다.

불황일수록 슈퍼팬의 진가가 드러난다. 일반 소비자들이 지갑을 닫을 때, 슈퍼팬들은 오히려 자신이 사랑하는 브랜드에 대한 지지를 강화한다. 테슬라는 2022년 주가 폭락과 CEO 일론 머스크를 둘러싼 논란 속에서도 충성 고객들의 변함없는 주문을 받았다. 애플은 2008년 글로벌 금융위기 당시 아이폰 3G 출시로 오히려 성장 동력을 확보했다. 스타벅스는 2020년 팬데믹의 직격탄을 맞았지만, 모바일 주문과 드라이브 스루를 통해 충성 고객들과 연결고리를 유지하며 빠른 회복세를 보였다.

일반 소비자와 슈퍼팬의 차이

스포츠 구단은 슈퍼팬 이코노미의 원조 격이다. 맨체스터 유나이티드는 전 세계 7억 5,000만 명의 팬을 보유하고 있는데, 이들은 경기 티켓부터 유니폼, 각종 굿즈에 이르기까지 팀과 관련된 모든 것을 구매한다. 팀 성적이 부진해도 팬들의 사랑은 식지 않는다. 레알 마드리드의 '소시오' 제도는 팬들에게 단순한 관중이 아닌 클럽의 주인이라는 특별한 정체성을 부여한다.

현대의 스포츠 구단들은 이러한 팬덤을 기반으로 새로운 수익 모델을 창출하고 있다. 자체 OTT 플랫폼을 구축해 독점 콘텐츠를 제공하고, 다양한 굿즈를 통해 팬들의 일상 속으로 깊숙이 파고든다. 맨체스터 시티는 'City+' 플랫폼을 통해 훈련 영상, 선수 인터뷰, 비하인드 스토리 등을 독점 제공하며, 바르셀로나는 전용 앱으로 팬들에게 특별한 경험을 선사한다. 이들은 단순한 경기 관람을 넘어 팬들이 일상에서도 팀과 함께할 수 있는 생태계를 구축했다. 바르셀로나는 연회비를 내고 구단 운영에 직접 참여할 수 있는 유료 회원을 운영한다. 이 제도는 팬들에게 단순 관객이 아니라 '구단의 주인'이라는 정체성을 부여하여 소속감과 참여도를 극대화한다.

국내에서는 LG 트윈스가 대표적이다. '잠실의 아이돌'이라 불리며 20년 넘는 우승 가뭄 속에서도 흔들리지 않는 팬덤을 유지해왔고, 2023년 한국시리즈 우승 당시 수십만 명이 거리로 쏟아져 나온

광경은 그 힘을 여실히 보여주었다.

슈퍼팬과 일반 소비자 사이에는 명확한 구분선이 존재한다. 일반 소비자는 가격에 민감하고 브랜드 충성도가 낮으며 소극적이고 단발적인 구매 패턴을 보인다. 반면 슈퍼팬은 가격보다 가치를 우선시하고, 높은 충성도를 바탕으로 지속적이고 반복적인 소비를 이어간다. 특히 주목할 점은 이들이 자발적으로 강력한 입소문을 만들어내어 새로운 팬을 직접 유입시킨다는 것이다. 결과적으로 기업은 마케팅 비용을 절약하면서도 매출을 증대시키는 선순환 구조를 구축할 수 있다.

엔터테크와 팬덤의 결합

엔터테인먼트 테크(Entertainment Tech, 이하 엔터테크)는 슈퍼팬 이코노미를 주도하고 있다. 넷플릭스는 2007년 스트리밍 서비스 출시와 함께 개인화된 추천 시스템을 도입해 각 사용자가 자신만의 취향을 발견하고 몰입할 수 있는 환경을 조성했다. 유튜브는 크리에이터와 구독자 간 직접적인 소통 채널을 열어 단순한 시청자를 열성적인 팬으로 전환시켰다. 스포티파이는 개인 맞춤형 플레이리스트와 연말 결산 서비스를 통해 음악 감상을 개인적이면서도 사회적인 경험으로 승화시켜 사용자들이 자신의 음악 취향을 정체성의 연장선으로 인식하게 만들었다. 이들의 성공 요인은 단순히 우수한 콘텐츠를 제공하는 데 그치지 않고, 팬들이 브랜드와 깊은 감정적 유대를 형성할 수 있는 생태계를 구축한 데 있다.

AI의 등장으로 슈퍼팬 육성이 한층 더 정교해지고 있다. 인공지능은 방대한 데이터를 실시간으로 분석해 각 팬의 선호도, 행동 패턴, 감정 상태까지 파악할 수 있게 되었다. 틱톡의 AI 알고리즘은 사용자의 시청 시간, 공유 패턴 등을 학습해 중독성 있는 맞춤형 콘텐츠를 제공하며, 아마존은 구매 이력과 검색 패턴을 분석해 고객이 원하는 상품을 예측한다.

더 나아가 AI는 개별 팬의 감정까지 읽어내며 맞춤형 경험을 제공한다. 스포티파이의 'DJ' 기능은 AI가 사용자의 현재 기분과 상황을 파악해 최적의 음악을 선곡하고, 나이키 앱은 개인의 운동 패턴과 목표를 분석해 맞춤형 제품을 추천한다. 챗GPT와 같은 생성형 AI는 팬들과의 개인화된 대화를 통해 브랜드에 대한 애착을 더욱 깊게 만들어간다.

AI 기반 예측 분석은 잠재적 슈퍼팬을 미리 식별할 수 있게 해준다. 넷플릭스는 시청 패턴을 분석해 특정 장르나 배우에 대한 열정이 높은 사용자를 찾아내고, 이들에게 독점 콘텐츠나 특별 이벤트를 우선 제공한다. 테슬라는 고객의 차량 사용 데이터를 분석해 브랜드 충성도가 높은 사용자를 파악한 다음, 이들을 신제품 출시의 얼리어답터로 활용한다. 이처럼 AI는 슈퍼팬 육성을 과학적이고 체계적인 프로세스로 전환시키고 있다.

슈퍼팬의 경제적 가치

경기 침체기에 대부분의 기업이 마케팅 예산을 삭감하는 동안, 슈퍼팬 기반 기업들은 정반대 전략을 구사했다. 기존 팬들과의 관계를 더욱 공고히 하는 데 집중한 것이다. 나이키는 2020년 팬데믹 상황에서도 자체 앱 SNKRS을 통한 한정판 스니커즈 출시를 오히려 확대했고, BTS는 대면 공연이 불가능해지자 온라인 콘서트와 팬클럽 위버스를 활용한 직접 소통으로 팬덤을 더욱 강화했다. 프리미어 리그의 리버풀은 무관중 경기라는 제약 속에서도 온라인 팬 이벤트와 가상 응원 시스템을 도입해 팬들과의 연결고리를 유지했고, 이는 90% 이상의 시즌 티켓 갱신율로 이어졌다. 이들은 팬들의 특별함을 인정하고 보상함으로써 더욱 견고한 충성심을 확보했다.

게임 업계에서는 라이엇 게임즈가 '리그 오브 레전드' 하나로 전 세계 e스포츠 생태계를 구축했고, 자동차 업계의 포르쉐는 단순한 이동 수단을 넘어 브랜드 철학과 역사를 공유하는 문화 공동체를 만들어냈다. NBA는 소셜미디어와 하이라이트 영상으로 전 세계 농구 팬들과 실시간 소통하며 리그를 글로벌 엔터테인먼트 브랜드로 발전시켰다. 손흥민 선수가 활약하는 토트넘은 아시아 팬들을 겨냥한 특별 콘텐츠와 상품을 출시해 새로운 수익원을 개척했다. 이들에게 소비는 단순한 거래가 아니라 자신의 정체성을 드러내고 소속감을 확인하는 의미 있는 행위가 되었다.

앞으로는 가장 많은 슈퍼팬을 보유한 기업이 시장을 지배할 것이다. 제품이나 서비스만 판매하는 회사에서 팬덤을 창조하는 회사로 진화하지 못한다면 경쟁에서 도태될 수밖에 없다.

슈퍼팬은 매출을 재창출하고 브랜드 가치를 상승시키며 위기를 기회로 전환시키는 핵심 엔진이다. 이제 기업의 생존은 '얼마나 많이 파느냐'가 아니라 '얼마나 사랑받느냐'에 달려 있다. 정치 영역의 열렬한 지지층, 종교 공동체의 신실한 신도들, 스포츠 구단의 광적인 팬들처럼, 모든 성공의 중심에는 슈퍼팬이 존재한다.

기업들은 제품과 서비스의 경계를 넘어 정체성과 소속감을 제공하는 브랜드로 거듭나야 한다. 슈퍼팬들이 자부심을 갖고 착용할 수 있는 로고, 함께 나눌 수 있는 가치관 그리고 평생에 걸쳐 지속할 수 있는 관계를 구축하는 것이 미래 경제에서 생존하는 유일한 방법이다. AI가 이러한 관계를 더욱 깊고 개인적으로 만들어가는 지금, 슈퍼팬 이코노미는 새로운 차원으로 진화하고 있다. 이 책은 바로 그 혁명적 여정의 이야기다.

1부

슈퍼팬이 온다

1장
슈퍼팬 이코노미

슈퍼팬은
누구인가

현대 엔터테인먼트 산업에서 '팬'이라는 개념은 단순한 소비자를 의미하지 않는다. 특히 디지털 시대의 도래와 함께 등장한 '슈퍼팬(Super Fan)'은 단순히 콘텐츠를 좋아하는 차원을 넘어서는 새로운 집단이다. 슈퍼팬이란 자신이 지지하는 아티스트나 콘텐츠와 최소 5개 이상의 접점을 통해 지속적으로 상호작용하며, 재정적·정서적 투자를 아끼지 않는 팬덤의 핵심 집단을 말한다. 이들은 앨범 구매, 굿즈 수집, 콘서트 관람, 소셜미디어 소통, 뉴스레터 구독 등 다양한 채널을 통해 적극적으로 참여하고 관여하며, 시간과 비용을 기꺼이 들여 콘텐츠를 소비한다.

슈퍼팬은 단순한 소비자 집단을 넘어 하나의 문화적 현상으로 자리 잡고 있다. 이들은 커뮤니티 내에서 열성적으로 활동하고, 자발적인 2차 창작과 홍보를 통해 새로운 부가가치를 창출한다. 이들의 움직임은 해당 아티스트나 콘텐츠가 하나의 장르로 자리 잡고 글로벌 시장으로 확산하는 결정적 기반으로 작용한다.

슈퍼팬의 5가지 특징

슈퍼팬은 정서적 몰입과 다층적 소비를 통해 아티스트나 콘텐츠와 깊은 유대감을 형성해 공동체 내에서 자발적 참여와 창작, 전파 활동을 주도하는 핵심 팬덤 집단이다. 이들의 주요 특징을 정리하면 다음과 같다.

1. 다채로운 채널과 포맷으로 '다층 소비'를 즐긴다

슈퍼팬은 콘텐츠를 단일 경로로 소비하지 않는다. 이들에게 콘텐츠 소비란 다양한 형태와 채널을 통한 총체적 경험이다. 스트리밍 영상 시청, 실물 앨범 구매, 한정판 굿즈 수집, 오프라인 콘서트 및 팬 미팅 참석, 온라인 커뮤니티 활동, 소셜미디어를 통한 실시간 소통에 이르기까지 다양한 접점을 형성한다.

이러한 다층 소비 행태는 단순한 '보기'를 넘어 '경험하기'와 '소유하기'에 대한 욕구를 충족시키는 과정이다. 예컨대 뉴스레터 구독, 멤버십 가입, 다이렉트 메시지(DM) 서비스 이용 등을 통해 아티스트나 콘텐츠와의 연결을 극대화한다. 이는 마치 좋아하는 레스토랑에서 메인 요리뿐 아니라 애피타이저, 디저트, 음료까지 모두 즐기는 완벽한 다이닝 경험을 추구하는 것과 유사하다. 슈퍼팬에게 이같은 다층 소비는 단순한 취미를 넘어 자신의 정체성을 보여주는 하나의 라이프스타일로 자리 잡고 있다.

2. 높은 감정적 몰입과 충성도를 보인다

슈퍼팬의 특징 중 하나는 특정 아티스트나 IP(Intellectual Property, 지식재산권)에 대한 깊은 애정과 유대감이다. 이들은 단순히 콘텐츠를 소비하는 것이 아니라 정서적으로 깊이 연결되어 있다고 느낀다. 아티스트의 성장과 성공을 자신의 일처럼 기뻐하고, 어려움에 처했을 때는 적극적으로 지지하며 응원한다.

이러한 감정적 몰입은 비판보다는 개선 제안이나 옹호의 형태로 표현되는 경향이 있다. 슈퍼팬은 작품이나 아티스트에 대한 부정적 평가에 민감하게 반응하며, 때로는 그를 지키기 위해 '수호자' 역할을 자처하기도 한다. 동시에 아티스트가 부정적 평가를 뚫고 더 나은 방향으로 발전할 수 있도록 건설적인 피드백을 제공하는 데 적극적이다. 이들은 아티스트나 콘텐츠를 감정적 투자의 대상이자 자기 삶의 일부로 받아들인다.

3. 커뮤니티를 통해 '함께 즐기는 경험'을 중시한다

슈퍼팬 문화의 핵심 요소 중 하나는 공동체적 경험이다. 혼자 콘텐츠를 소비하기보다, 같은 관심사를 가진 사람들과 소통하고 교류하며 즐기는 데 더 큰 가치를 둔다. 이는 인간의 기본적인 소속감 욕구와 맞닿아 있으며, 팬덤 활동이 단순한 취미를 넘어 사회적 정체성으로 발전하는 계기가 된다.

온라인에서는 팬 커뮤니티, SNS, 팬카페 등을 통해, 오프라인에서는 팬미팅, 콘서트, 이벤트 등을 통해 활발히 네트워킹한다. 이러한 커뮤니티 내에서 슈퍼팬은 서로의 경험을 공유하고 정보를 교환하며, 때로는 깊은 유대감을 형성하기도 한다. "우리가 좋아하는 것"을 중심으로 구축된 연대감이 팬덤을 결속시키고, 개인적 콘텐츠 소비를 사회적 경험으로 확장시킨다.

4. 자발적인 2차3차 창작 활동으로 부가가치를 창출한다

슈퍼팬은 적극적인 생산자 역할도 수행한다. 팬 아트, 팬픽(fan fiction), 밈(meme), 리뷰 영상, 리액션 비디오 등 다양한 형태의 UGC(User-Generated Content, 사용자 제작 콘텐츠)를 활발히 제작한다. 슈퍼팬들이 제작하는 2차·3차 창작물은 온라인상에서 빠르게 확산되어 원작의 인지도와 영향력을 확대하는 자발적 마케팅 효과를 창출한다.

이는 마치 생태계 속 다양한 생명체가 상호작용하며 풍요로운 환경을 조성하는 것과 유사하다. 팬들이 만들어내는 다양한 해석과 창작물이 원작의 세계관을 풍부하게 만들고, 다른 잠재 팬들에게 접근 경로를 제공한다. 슈퍼팬의 창작 활동은 콘텐츠의 생명력을 연장하고, 때때로 원작자도 미처 발견하지 못한 새로운 관점과 가능성을 제시하기도 한다.

5. 시간과 금전적 투자를 아끼지 않는다

슈퍼팬은 자신이 좋아하는 아티스트나 콘텐츠에 지속적으로 시간과 비용을 투자하는 데 주저하지 않는다. 유료 멤버십 가입, 한정판 굿즈 구매, 온라인·오프라인 공연 티켓 구매 등 다양한 유료 서비스를 적극적으로 이용한다. 이는 자신이 지지하는 대상에 대한 헌신과 응원의 표현이자, 그들의 창작 활동을 직접 후원하는 행위다.

이러한 재정적 지원은 아티스트나 콘텐츠 제작자에게 안정적인 수익원을 제공하여 더 나은 콘텐츠를 지속적으로 생산할 수 있는 기반을 만들어준다. 슈퍼팬의 이 같은 투자 행위는 일종의 '참여'와 '기여'의 의미를 가지며, 자신이 지지하는 문화 현상의 지속과 발전에 기여한다는 만족감을 제공한다.

슈퍼팬 생태계,
어떻게 구축할 것인가

그렇다면 슈퍼팬은 어떤 환경에서 만들어지고, 또 어떻게 유지되는가? 답은 팬들이 '함께 즐기고, 표현하고, 성장할 수 있는 공간'을 제공하느냐와 관련이 있다. 커뮤니티를 통해 팬이 팬을 끌어들이고, 오리지널 콘텐츠로 감정적 몰입을 유도하고, 상호작용과 공동 창작의 관계로 진화하기 때문이다.

함께 즐기는 커뮤니티 형성

팬덤을 성장시키기 위해서는 팬들 자신이 좋아하는 콘텐츠를 '함께' 즐길 수 있는 공간이 필요하다. 이들은 단순히 댓글을 다는 공간이 아니라 팬들끼리 서로 소통하고 아티스트와 직접 교류할 수 있는 통합적인 커뮤니티 환경을 원한다.

플랫폼 내부에 공식 팬 커뮤니티를 구축하고 아티스트나 제작 관계자가 직접 글을 남길 수 있도록 하면, 이용자는 "나도 이 콘텐츠의 세계에 참여하고 있다"라는 소속감과 특별함을 경험하게 된다. 그렇게 형성된 공간은 팬덤의 정체성과 문화가 형성되고 발전하는 토양이 된다.

커뮤니티 내에서 회원 등급을 단계별로 차등화하여 참여 동기를 강화할 수도 있다. 일반 구독자, 유료 멤버십 구독자, 슈퍼팬(프리미엄 구독자) 등으로 구분하고, 등급별로 접근 권한과 혜택을 차별화하면, 활동이 활발한 '열성 팬'에게 더 많은 성취감과 소속감을 부여할 수 있다. 이는 자연스럽게 커뮤니티를 자율적으로 이끌어나가는 '팬 리더'의 등장으로 이어지며, 이들을 중심으로 더욱 활발한 팬 활동이 전개된다.

라이브 스트리밍과 실시간 채팅 기능의 결합도 커뮤니티 형성에 중요한 요소다. 인기 드라마나 예능 관련 특별 이벤트를 할 때, 실시간 라이브 세션을 통해 출연진, PD, 작가와 팬들이 직접 소통하는 기회를 제공하면, 팬들은 즉각적인 소통의 만족감을 얻게 된다.

커뮤니티 내 '스몰 그룹' 활성화도 주목할 만한 전략이다. 특정 배우, 장르, 시즌 등을 중심으로 취향별 소규모 커뮤니티를 형성하고, 이들에게 자체 이벤트 기획과 운영 권한을 부여하는 것이다. 이러한 소그룹에서 생산되는 굿즈나 팬 콘텐츠는 플랫폼의 자발적 홍보 채널이자, 해당 그룹을 더욱 결속시키는 구심점이 된다.

신선한 콘텐츠의 지속적 공급

커뮤니티를 유지하는 원동력은 결국 콘텐츠로부터 나온다. 스트리밍 시대에 플랫폼이 오랫동안 사랑받기 위해서는 독점·오리지널 콘텐츠를 확보하는 것이 관건이다. 넷플릭스가 오리지널 시리즈로 글로벌 시장에서 독보적인 위치를 구축했듯이, K-콘텐츠 플랫폼도 자체 제작 드라마나 예능 프로그램으로 고유한 브랜드 정체성을 강화할 수 있다.

인기 시리즈를 확장하는 전략도 효과적이다. 스핀오프, 스페셜 에피소드, 후일담 등의 형태로 세계관을 깊이 탐색하는 콘텐츠를 제공하면, "이 이야기를 좀 더 깊이 알고 싶다"라는 팬들의 욕구를 충족시켜 줄 수 있다. 메인 스토리가 종료된 이후에도 그 세계관 안에 계속 머물 수 있는 기회를 제공함으로써 팬들의 관심과 애정을 유지하고 확장시킬 수 있는 것이다.

'메이킹 필름'이나 '비하인드 스토리' 같은 부가 콘텐츠도 팬덤을 결속시키는 데 큰 역할을 한다. 배우와 스태프의 현장 인터뷰, 촬영 뒷이야기, 의상과 소품에 담긴 비밀 등을 공개하면 팬들은 작품을 새로운 시각으로 감상하게 된다. 에피소드별 해설이나 리뷰 영상 같은 보조 콘텐츠는 시청 경험을 심화시키는 동시에, 팬들이 반복적으로 플랫폼을 방문하도록 만드는 강력한 동기를 부여한다.

정기적이고 연속적인 이벤트 계획도 중요한 전략 요소다. 월별, 분기별로 테마 주간을 정해 특정 장르나 시기(추석, 크리스마스 등)에 맞는 스페셜 프로그램을 기획하면 팬들은 "이번에는 어떤 특별한 콘텐츠가 나올까?"라는 기대감을 갖게 된다. 이러한 주기적 기대감이 쌓일수록 플랫폼 체류 시간과 재방문율이 증가한다. 여기에 더해 인기 IP별로 한정판 굿즈를 출시하면, 수집 욕구가 강한 슈퍼팬층의 지속적인 유입과 소비를 촉진할 수 있다.

팬 제작 콘텐츠의 장려

슈퍼팬의 두드러진 특징 중 하나는 적극적인 2차·3차 창작 활동이다. 이들은 콘텐츠를 소비하는 데 그치지 않고, 자신만의 해석과 상상력을 더해 새로운 창작물로 만들어낸다. 플랫폼이 이러한 창작 활동을 어떻게 수용하고 장려하느냐에 따라 팬덤의 활력과 확장성이 크게 달라질 수 있다.

먼저, 팬들이 제작한 아트워크, 팬픽, 리뷰 등을 자유롭게 공유할 수 있는 전용 공간을 마련해야 한다. 나아가 공모전 형식을 도입해 우수 작품을 선정하고, 공식 채널에서 조명하는 기회를 제공한다면, 팬들은 '내가 만든 콘텐츠가 공식적으로 인정받는다'라는 성취감과 보람을 느끼게 된다. 소정의 인센티브나 굿즈, 이벤트 초대권 등의 보상을 제공하면 창작 동기를 더욱 강화할 수 있다.

이 과정에서 탄생하는 재치 있는 '밈'이나 '짤방'은 소셜미디어를 통해 빠르게 확산될 수 있는 잠재력을 지니고 있다. 플랫폼이 이러한 콘텐츠를 손쉽게 공유할 수 있는 기능을 강화한다면, 플랫폼 밖으로까지 입소문이 퍼지는 효과를 기대할 수 있다. 이는 새로운 잠재 팬층에게 콘텐츠를 소개하는 자연스러운 경로가 된다.

팬 크리에이터들이 만들어내는 콘텐츠는 플랫폼의 공식 마케팅에도 적극적으로 활용할 수 있다. 특정 이벤트나 굿즈를 홍보할 때 '팬 크리에이터 팀'을 구성해 티저 영상이나 광고 제작에 참여시키면, 그 결과물은 팬들의 정서와 관점이 반영된 진정성 있는 홍보물이 된다. '우리끼리만의 재미'와 '팬들의 시선으로 본 매력'이 담긴 콘텐츠는 다른 잠재 팬들에게도 더 큰 공감과 호기심을 불러일으킨다.

플랫폼을 넘어 다른 SNS와의 연계를 강화하는 것도 중요한 전략이다. 팬이 만든 2차 창작물이 트위터, 인스타그램, 틱톡 등으로 손쉽게 퍼져나갈 수 있도록 공유 시스템을 최적화하면, 더 넓은 잠재 고객층에 콘텐츠를 노출할 수 있다. 예능 속 레시피를 활용한 요리 프로그램 협업, K-팝 가수들과의 컬래버레이션 콘서트 등 다른 엔터테인먼트 분야와 적극적인 교류를 시도함으로써 팬 활동의 스펙트럼을 확장하고 새로운 경험의 장을 열어갈 수 있다.

다양한 문화와의 융합

K-콘텐츠는 이미 전 세계적으로 주목받는 문화 현상으로 자리 잡았지만, 이를 한 단계 더 도약시키기 위해서는 '현지화 전략'에 대한 깊은 고민이 필요하다. 언어적, 문화적 장벽을 낮추고, 현지 팬들이 콘텐츠에 더 쉽게 공감하고 몰입할 수 있는 환경을 조성해야 한다.

현지 언어와 자막 지원을 충실히 갖추는 것은 기본이다. 단순한 의미 전달을 넘어, 현지의 문화적 뉘앙스와 정서를 반영한 번역과 해설, 더빙을 제공한다면 언어로 인한 진입 장벽이 크게 낮아진다. 외국인 친구에게 한국 문화를 소개할 때 단순히 단어만 번역하는 것이 아니라 그 배경과 맥락까지 설명해주는 것과 같은 이치다.

현지 문화 요소와의 융합도 필요하다. 예를 들어, 한국 드라마에 자주 등장하는 한식을 현지의 요리 문화와 접목해 'K-푸드×현지美식'이라는 특별한 테마를 개발할 수도 있다. 이렇게 하면 현지 팬들에게 단순한 시청 이상의 문화 체험 기회를 제공하게 되고, 자연스럽게 콘텐츠 전반에 대한 호감도와 친근감이 높아진다.

외국 배우와 스태프의 참여 확대도 글로벌 공감대 형성에 기여한다. 이미 K-드라마나 영화에 외국 배우가 출연하는 사례가 늘고 있는데, 이를 좀 더 적극적으로 확장하여 현지 팬들이 자신과 닮은 캐릭터나 이야기를 발견할 수 있도록 하는 것이다. 이는 '나와 다른 누군가의 이야기'가 아닌, '나도 공감하고 관련될 수 있는 이야기'로 콘텐츠를 인식하게 만들어준다.

플랫폼이 직접 해외 팬들을 초대해 촬영 로케이션 투어를 진행하거나, 현지에서 화상 미팅을 여는 등의 문화 교류 프로그램을 진행할 수도 있다. 이를 통해 팬들은 "나도 이 콘텐츠의 일부가 될 수 있다"라는 참여감과 소속감을 경험하게 되고, 이는 더욱 강력한 팬덤 형성으로 이어진다.

현지 대형 플랫폼이나 기업과의 전략적 제휴도 글로벌 확장에 중요한 역할을 한다. 일부 콘텐츠를 현지 OTT나 방송사와 협력해 동시 방영하거나 사전 홍보를 공동으로 진행하면, 아직 K-콘텐츠에 익숙하지 않은 잠재 고객층까지 포섭할 수 있다. 동시에 현지 SNS나 커뮤니티(중국 웨이보, 일본 트위터, 동남아 라인 등)에 공식 소통 채널을 구축해 맞춤형 소통과 홍보를 진행한다면, 글로벌 팬층을 효과적으로 확장할 수 있다.

슈퍼팬을 키우기 위한 전략 포인트

슈퍼팬을 키우는 과정에서 간과하기 쉽지만 중요한 몇 가지 요소들이 있다. 첫째, '데이터 분석'을 통한 맞춤화 전략이다. 시청 이력, 검색 패턴, 선호하는 배우나 가수, 장르 등의 정보를 AI 기술로 분석해 개인화된 추천과 경험을 제공하면, 이용자는 "이 플랫폼은 내가 무엇을 좋아하는지 정확히 알고 있다"라는 만족감을 느끼게 된다. 또, 어떤 굿즈가 인기 있고, 어느 에피소드에서 가장 많은 반응이 나오는지 등을 세밀하게 분석하여, 향후 콘텐츠 기획과 커뮤니티 운영에 반영할 수 있다.

둘째, 다양한 수익 모델의 개발이다. 굿즈, 티켓, 라이브 스트리밍 등 슈퍼팬들이 선호하는 영역에 집중하되, 구독 모델도 유연하게 구성할 필요가 있다. 월간·연간 구독을 비롯해 특정 드라마나 예능 시즌에 최적화된 '시즌 패스'나 'IP 패키지 구독' 등 다양한 옵션을 제공하여 팬들의 소비 패턴과 취향을 세분화해 수용해야 한다.

셋째, 아티스트와 창작자의 권리 보호다. 팬들은 자신이 좋아하는 배우나 제작진이 정당한 대우를 받지 못한다고 느끼면, '착한 소비'의 동기가 크게 약화된다. 특히 AI 기술의 발전으로 2차 창작과 저작권 문제가 더욱 복잡해지는 상황에서, 창작자의 권리를 보호하고 공정한 보상 체계를 구축하는 것은 지속 가능한 팬덤 생태계를 위한 필수 조건이다.

마지막으로, 온라인과 오프라인의 연계를 통한 '경험 극대화' 전략이다. 인기 드라마 촬영지를 테마 체험 공간으로 재구성하거나, OST 공연과 같은 현장 이벤트를 개최하여 팬들이 직접 참여하고 교류할 기회를 제공한다면, 그 경험 자체가 강력한 추억으로 남아 플랫폼과 콘텐츠에 대한 충성도를 높일 수 있다.

슈퍼팬덤을 만드는 기술, 엔터테크

디지털 시대에는 더 이상 '좋은 콘텐츠'만으로 팬덤을 형성하고 유지하기 어려워졌다. 시청자들은 무수히 많은 대안을 가지고 있으며, 그들의 시간과 관심을 끌기 위해서는 더욱 특별하고 몰입도 높은 경험을 제공해야 한다. 이러한 맥락에서 최신 엔터테크의 활용이 슈퍼팬 육성의 핵심 전략으로 부상하고 있다.

데이터와 AI, 개인화 경험의 극대화

슈퍼팬으로의 전환 과정은 대개 특정 계기를 통해 점진적으로 이루어진다. 이때 AI 기반의 개인화된 데이터가 슈퍼팬으로의 전환을 촉진하는 강력한 촉매제가 될 수 있다. 시청·청취 이력, 검색 패턴,

소셜 활동 등의 데이터를 종합적으로 분석하여 각 사용자의 취향과 행동 패턴에 최적화된 추천을 제공하는 것이다. 이는 단순한 알고리즘 추천이 아닌 시간대별 소비 패턴, 장르별 선호도, 특정 아티스트에 대한 관심도 등 맥락 정보를 고려한 정교한 큐레이션을 의미한다.

AI 챗봇이나 보이스봇을 통해 아티스트 관련 정보를 실시간으로 제공하거나, 스토리텔링 요소를 결합한 인터랙션을 구현할 수도 있다. 이는 팬들이 언제든지 궁금증을 해소하고, 아티스트나 콘텐츠와 더 깊이 연결될 수 있는 창구가 된다. AI 분석을 통해 '가장 적극적인 팬'을 식별해 슈퍼팬 등급을 자동으로 부여하거나, 활동 패턴에 따른 맞춤형 혜택을 제공하는 시스템도 팬들의 참여 동기를 강화하는 효과적인 방법이다.

라이브 스트리밍, 거리감을 뛰어넘는 '팬 경험'

디지털 시대의 팬들은 콘텐츠의 소비를 넘어 아티스트나 작품과 실시간으로 교감하고 소통하기를 원한다. 고품질 라이브 스트리밍 기술은 이러한 욕구를 충족시키는 핵심 수단이다. 특히 멀티앵글 기능을 통해 팬들이 원하는 시점에 원하는 각도로 장면을 볼 수 있게 한다면, 집에서도 현장에 있는 듯한 몰입감을 선사할 수 있다. 초저지연 스트리밍 기술이 접목되면, 아티스트와의 실시간 대화나 질의응답이 더욱 자연스러워질 수 있다.

오버레이와 인터랙티브 기능도 라이브 경험의 질을 높이는 중요한 요소다. 실시간 투표, 퀴즈, 이벤트를 통해 팬들이 방송 또는 공연의 진행 방향에 직접 영향을 미칠 수 있게 하면, 수동적 시청자에서 적극적 참여자로의 전환이 이루어진다. AR 자막이나 그래픽을 활용해 추가 정보나 재미 요소를 덧붙이면, 시청 경험은 더욱 풍부하고 입체적으로 변화한다.

실시간 소통 기술은 물리적 거리와 시간대의 제약을 뛰어넘어, 전 세계 팬들이 동시에 같은 경험을 공유하고 교류할 수 있는 환경을 조성한다. 이는 "언제 어디서나 아티스트와 연결되어 있다"라는 지속적인 소속감과 유대감을 만들어 슈퍼팬으로의 전환과 유지에 큰 역할을 한다.

AR·VR·메타버스, 가상 공간에서의 '확장된 팬 경험'

AR(증강현실), VR(가상현실) 그리고 메타버스 기술은 팬 경험의 경계를 확장시키는 혁신적인 도구다. 이들 기술은 "내가 좋아하는 콘텐츠 세계에 직접 들어간다"라는 환상을 현실로 구현함으로써, 팬들에게 전에 없던 몰입감과 참여감을 제공한다.

메타버스 플랫폼을 통해 3D 아바타로 구현된 아티스트나 캐릭터와 만나거나, 가상 공간에서 팬 미팅, 팬 사인회에 참여할 수 있다. 인기 드라마나 영화의 세계관을 가상 공간으로 재현하고, 팬들이 자신만의 캐릭터를 선택해 해당 스토리 속을 탐험하거나 미션을 수행할 수 있게 해주면, 팬들에게 특별한 만족감을 선사할 수 있다.

VR 콘서트는 공간적 제약을 뛰어넘는 대표적인 몰입형 경험이다. VR 헤드셋을 착용하면, 360도 시야로 무대를 둘러보며 실제 공연장에 있는 것처럼 생생한 현장감을 경험할 수 있다. 이때 가상의 관객들과 실시간으로 소통하고 반응을 공유할 수 있는 기능까지 더한다면, 물리적으로는 혼자 있더라도 심리적으로는 집단적 경험을 공유하는 독특한 체험이 가능해진다.

AR 기술을 활용한 굿즈나 캐릭터 체험도 점차 확산되는 추세다. 스마트폰 카메라로 특정 굿즈나 포스터를 비추면 관련 캐릭터가 화면에 등장해 춤을 추거나 대화를 나누는 등의 인터랙션을 구현하면, 평범한 물리적 소장품에 디지털 경험이 더해져 그 가치와 재미가 배가된다.

이러한 AR·VR·메타버스 기술은 공간과 현실의 제약을 초월해, 팬들에게 더욱 풍부하고 환상적인 체험을 선사한다. 이는 '현실에서는 불가능한 경험'이라는 특별함으로 이어져, 팬덤을 강화하고 확장하는 원동력이 된다.

NFT와 블록체인, 희소성과 커뮤니티 결속을 동시에

NFT(대체불가 토큰)와 블록체인 기술은 엔터테인먼트 산업에서 '희소성'과 '소유권'의 개념을 재정의하며, 팬덤에 새로운 가치와 참여 방식을 제시한다. 팬 굿즈나 컬렉터블 아이템을 디지털 자산화하는 것이 대표적인 활용 사례다. 콘서트 티켓, 포토카드, 라이브 스트리밍 접근권 등을 NFT로 발행하여 소유자에게만 주어지는 디지털 인증이나 특별 콘텐츠 접근 권한을 부여할 수 있다. 특히 한정판 NFT는 '세상에 단 하나뿐인 아이템'이라는 희소성과 소장 가치를 제공하여, 팬들의 관심과 투자 의지를 크게 높일 수 있다.

블록체인 기술은 팬들의 참여와 기여를 투명하게 관리하고 보상하는 시스템 구축에도 활용된다. NFT 소유자에게는 공연 우선 입장권, VIP 좌석 예약, 아티스트 직접 메시지 등 차별화된 혜택을 제공함으로써, 팬 활동에 대한 명확하고 공정한 보상 체계를 확립할 수 있다. 스마트 계약(Smart Contract)을 통해 아티스트와 팬 창작자 간의 수익 분배 구조를 투명하게 설계하면, 저작권이나 로열티 관련 분쟁을 최소화하고 상생의 생태계를 조성할 수 있다.

이러한 NFT, 블록체인 기술의 활용은 커뮤니티 결속력을 강화하고 팬들에게 소속감과 독점적 경험을 제공한다. 이를 통해 팬덤의 장기적 유지와 확장에 기여하고, 아티스트와 플랫폼에게는 새로운 수익 창출 경로를 제시한다.

팬 크리에이터 지원 기술, 2차·3차 창작 촉진

슈퍼팬의 차별화된 특성 중 하나는 적극적인 2차·3차 창작 활동이다. 이들의 창작 활동은 원작의 인지도와 영향력을 확장시키는 강력한 홍보 효과를 가져오는 동시에, 콘텐츠의 생명력을 연장하고 새로운 해석과 가능성을 제시한다.

이들의 창작 활동을 지원하기 위해서는, 먼저 팬 크리에이터를 위한 전용 스튜디오와 툴킷을 제공하는 것이 효과적이다. 플랫폼 내에서 간편하게 영상을 편집하고 자막이나 이펙트를 삽입할 수 있는 도구를 제공한다면, 팬들은 복잡하고 전문적인 프로그램 없이도 손쉽게 2차 콘텐츠를 제작할 수 있다. GIF나 이미지를 빠르게 생성하는 '밈 제작 툴'도 팬들의 창작 활동과 콘텐츠 확산을 촉진하는 유용한 기능이다.

더 나아가 팬 창작물의 수익화와 라이선싱을 지원하는 시스템을 구축하면 창작 동기를 강화할 수 있다. 플랫폼 내에 창작물을 거래할 수 있는 UGC 마켓플레이스를 운영하여 팬들이 만든 아트워크나 굿즈 디자인을 판매하고 수익의 일부를 창작자에게 분배하는 모델을 도입할 수도 있다. 이는 팬들에게 창작 활동을 통한 인정과 보상을 제공하고, 플랫폼에는 더욱 다양하고 풍부한 콘텐츠 생태계를 조성하는 상생의 전략이다.

팬 크리에이터를 위한 교육과 멘토링 프로그램도 중요한 지원 요소다. 영상 편집, 그래픽 디자인, 스토리텔링 등에 관한 온라인 강좌나 워크숍을 제공하고, 경험 많은 크리에이터나 업계 전문가의 멘토링을 연결해준다면, 팬들은 더욱 수준 높은 창작물을 만들어낼 수 있는 역량을 갖추게 된다.

결국 '팬이 만드는 콘텐츠가 곧 플랫폼의 자산'이라는 인식을 바탕으로, 팬들의 창작 활동을 체계적으로 지원하고 인정하는 환경을 조성해야 자발적이고 지속적인 팬덤 활동이 활성화될 수 있다.

커뮤니티와 소셜 기능으로 팬덤 네트워크 강화

아무리 뛰어난 콘텐츠와 기술이 있어도, 팬들이 함께 모여 교류하고 공감할 수 있는 공간이 없다면 팬덤의 결속력과 지속성은 약화될 수밖에 없다. 따라서 커뮤니티와 소셜 기능을 강화하는 것은 슈퍼팬 육성을 위한 필수 전략이다.

소셜미디어와 긴밀하게 연동하여 팬 활동의 가시성과 확산성을 높이는 방법은 매우 효과적이다. 팬들이 자신의 시청 이력, 굿즈 구매, 이벤트 참여 내용 등을 손쉽게 SNS에 공유할 수 있도록 하면, 자연스러운 홍보 효과와 함께 '보는 즐거움'과 '공유하는 즐거움'이라는 이중의 만족감을 제공할 수 있다. 플랫폼 내에 특정 아티스트나 작품을 중심으로 한 전용 타임라인을 구성하여, 같은 관심사를 가진 팬들이 실시간으로 소식과 감상을 주고받을 수 있는 환경을 조성하는 것도 좋은 방법이다.

게이미피케이션(Gamification) 요소를 접목함으로써 팬들의 지속적인 참여를 유도하는 방법을 활용할 수도 있다. 콘텐츠 시청, 굿즈 구매, 리뷰 작성, 커뮤니티 활동 등에 포인트나 배지, 레벨을 부여하고, 특정 미션이나 챌린지를 달성했을 때 보상을 제공하면, 팬들은 마치 게임을 즐기듯 자연스럽게 플랫폼 활동에 몰입하게 된다. 이러한 시스템은 팬들에게 성취감과 진행감을 제공하는 동시에, 더 많은 활동과 소비를 자연스럽게 유도한다.

커뮤니티의 자율성과 주도권을 강화하는 것도 필요하다. 팬들이 직접 이벤트를 기획하거나, 자체적인 홍보 캠페인을 전개할 수 있는

2024년 개최된 디즈니의 글로벌 팬덤 이벤트 D23 (출처: 디즈니)

권한과 공간을 제공하면, 커뮤니티는 자생적인 동력으로 성장하게 된다. 이는 플랫폼의 직접적인 개입 없이도 팬덤이 지속적으로 활성화되는 이상적인 구조를 만들어낸다.

엔터테크 도입 시 고려사항

엔터테크를 활용한 슈퍼팬 육성 전략을 실제로 적용할 때 몇 가지 중요한 고려사항이 있다.

첫째, 개인정보 보호와 저작권 존중은 필수다. AI, 블록체인 등의 기술을 도입할 때는 팬들과 아티스트의 민감한 정보가 유출되거나 오용되지 않도록 철저한 보안 조치를 마련해야 한다. 2차 창작물과 관련된 저작권 문제도 사전에 명확한 가이드라인과 법적·기술적 장치를 준비하여 분쟁 소지를 최소화해야 한다. 이는 팬들과 아티스트 모두의 신뢰를 유지하는 필수 요소다.

둘째, 기술적 접근성에 대한 고려가 필요하다. AR, VR, NFT 등은 아직 많은 이들에게 생소하거나 진입 장벽이 높은 기술일 수 있다. 따라서 초보자도 쉽게 이해하고 사용할 수 있도록 직관적인 UX 디자인, 상세한 튜토리얼, 단계적 안내 시스템을 제공해야 한다. 복잡한 기술이 팬 경험을 방해하는 걸림돌이 되지 않도록 사용자 친화적인 접근 방식을 유지해야 한다.

셋째, 아티스트와 팬 모두를 위한 상생의 생태계를 구축해야 한다. 수익화 모델을 확대한다고 해서 팬들에게 지나친 비용을 요구하거나 아티스트의 권리를 침해해서는 안 된다. 투명한 로열티 분배 구조, 팬 활동에 대한 적절한 보상, 창작자의 권리 보호가 균형 있게 이루어질 때, 모든 참여자가 공감할 수 있는 건강한 팬덤 생태계가 조성된다. 특히 팬들은 자신의 소비가 '착한 소비'로 이어진다고 느낄 때 더욱 적극적인 지지와 참여를 보이는 경향이 있다.

넷째, 기술 도입의 목적과 가치를 분명히 해야 한다. 기술은 그 자체가 목적이 아니라, 더 나은 팬 경험과 가치를 창출하기 위한 수단이어야 한다. 화려하지만 실질적 가치가 없는 기술적 장치는 팬들의 피로감과 불만을 초래할 수 있다. 따라서 모든 기술적 시도는 '팬들에게 어떤 의미 있는 경험과 가치를 제공하는가?'라는 질문에 명확히 답할 수 있어야 한다.

마지막으로, 문화적 다양성과 글로벌 감수성을 갖추어야 한다. 특히 K-콘텐츠처럼 글로벌 시장을 대상으로 하는 플랫폼은 전 세계 다양한 문화권의 팬들을 고려한 세심한 접근이 필요하다. 언어뿐만 아니라 문화적 맥락과 정서적 뉘앙스까지 반영한 현지화 전략으로 더 많은 글로벌 팬들이 K-콘텐츠에 공감하고 몰입할 수 있는 환경을 조성해야 한다.

스트리밍 2.0 시대, 슈퍼팬 육성은 선택 아닌 필수

스트리밍 2.0 시대에는 많은 사람이 가끔 찾는 플랫폼보다, 열정적인 슈퍼팬들이 지속적으로 참여하고 소비하는 플랫폼이 더 큰 경쟁력과 지속 가능성을 갖는다. 레스토랑 사업에서 매일 찾아오는 단골손님이 일회성 방문객보다 더 중요한 것과 같은 원리다. 커뮤니티 형성, 지속적인 콘텐츠 공급, 팬 제작 콘텐츠 장려, 문화적 융합, 최신 기술 활용이라는 다섯 가지 전략적 축을 종합적으로 고려할 때 비로소 '슈퍼팬 파워'가 온전히 발휘될 수 있다.

슈퍼팬 육성은 단기적 마케팅 전략이 아니라, 플랫폼과 콘텐츠의 지속 가능한 성장을 위한 장기적 생태계 구축 관점에서 접근해야 한다. "문화와 관계를 판다"라는 개념 아래, 단순히 영상을 보여주는 공간이 아닌 팬들이 열광하고 교류하고 콘텐츠를 재생산하는 '문화 생태계'를 조성해 나가야 한다. 슈퍼팬 중심 전략을 지속적으로 발전시켜 나간다면, 결과적으로 '구독자 참여도'와 '열성 커뮤니티' 지표에서 남다른 성과를 거둘 수 있다.

스트리밍 2.0 시대에 슈퍼팬을 만드는 것은 더 이상 선택이 아닌 필수다. 팬덤의 열정, 창의성, 충성도를 촉진하고 보상하는 전략적 접근을 통해, 플랫폼이 문화 공동체의 중심으로 자리 잡을 수 있다.

K-콘텐츠의 미래,
슈퍼팬이 바꾼다

2025년 현재, 글로벌 콘텐츠 시장에서 K-콘텐츠의 영향력을 평가한다면, 단연 K-팝이 선두에 있다. K-드라마나 예능은 콘텐츠별로 선호도와 성과에 차이가 있지만, K-팝은 거의 모든 지표와 콘텐츠가 상위권을 형성하며 안정적인 글로벌 영향력을 보여주고 있다. 이러한 추세는 적어도 2030년까지 계속 이어질 것으로 전망된다. 바로 그 중심에 슈퍼팬이 있다.

슈퍼팬은 적극적인 참여자이자 콘텐츠 확산의 주체로서 장르의 글로벌화에 핵심적인 역할을 담당한다. 슈퍼팬의 존재는 K-팝이 단순한 음악 장르를 넘어 글로벌 문화 현상으로 발돋움하는 데 결정적인 요소로 작용했으며, 앞으로도 K-팝의 지속적인 성장과 확산을 이끄는 원동력이 될 것이다.

글로벌 콘텐츠 수출 강국 TOP 5

1 미국	2 영국	3 캐나다	4 한국	5 독일
미국콘텐츠 주요 수입국	영국콘텐츠 주요 수입국	캐나다콘텐츠 주요 수입국	한국콘텐츠 주요 수입국	독일콘텐츠 주요 수입국
1. 캐나다	1. 미국	1. 미국	1. 일본	1. 오스트리아
2. 호주	2. 아일랜드	2. 영국	2. 대만	2. 스위스
3. 뉴질랜드	3. 호주	3. 호주	3. 인도네시아	3. 슬로바키아

루미네이트 수출 파워 상위 5개국 (출처: 루미네이트)

K-팝의 글로벌 영향력은 구체적인 데이터로도 확인된다. 루미네이트가 2024년 연말 발표한 '루미네이트 수출 파워 점수(Luminate Export Power Score)'에서, 한국은 비영어권 국가 중 가장 높은 순위를 기록했다. 이 지표는 단순한 스트리밍 트렌드가 아니라 각국 아티스트들의 해외 진출 영향력을 측정하는 것으로, 국제 시장에서의 청취자 확보, 음악 수입국의 수와 규모, 국제적으로 성공한 아티스트 수 등을 종합적으로 평가한다. 한국이 이 지표에서 높은 순위를 기록했다는 사실은, K-팝의 글로벌 영향력이 일시적인 인기를 넘어 견고한 기반을 갖추고 있음을 의미한다.

특히 한국 아티스트는 12개 해외 시장에서 상위 50위 안에 진입했으며, 일본, 대만, 싱가포르, 말레이시아 등 아시아 국가에서 높은 집중도를 보였다. 일본에서는 무려 9명의 한국 아티스트가 상위 50위에 들어, 일본이 가장 큰 K-콘텐츠 수입국임을 증명했다. 인도네시아에서는 3명의 한국 아티스트가 차트에 이름을 올렸다. 이러한 수치는 K-팝이 지리적 경계를 넘어 다양한 문화권에서 인정받고 있음을 보여주는 명확한 증거다.

팬 커뮤니티 플랫폼의 부상

더욱 주목할 점은 일본 Z세대와 밀레니얼 세대 음악 청취자 중 18%가 K-팝 팬이며, 이들이 매주 평균 37.3시간에 달하는 한국 음악을 청취한다는 사실이다. 이는 일본 전체 평균보다 6.5시간이나 많은 수치로, K-팝 팬들의 음악 소비 강도가 일반 청취자보다 현저히 높다는 사실을 보여준다. 일본 내 K-팝 청취자 중 43%는 향후 12개월 이내에 라이브 콘서트에 참석할 계획이라고 답했으며, 이는 일본 평균 음악 청취자보다 20% 높은 수치다. 이러한 통계는 K-팝 팬들이 음악을 감상할 뿐만 아니라 다양한 방식으로 참여하고 경험하며 문화를 소비하고 있음을 시사한다.

버라이어티(Variety)는 "K-팝은 세심하게 만들어진 세계를 정복한 아티스트와 열렬한 팬들로 잘 알려진 장르"라 평가하며, K-팝의 성공이 단순한 음악적 매력에 그치지 않고, 팬들과의 깊은 유대 관계에 기반하고 있음을 강조했다.

이러한 유대는 엔터테크의 진화와 함께 더욱 견고해지고 있으며, 그 중심에 팬 커뮤니티 플랫폼이 있다. 음악적 완성도, 화려한 퍼포먼스, 차별화된 콘셉트 등 K-팝의 성공을 이끈 요소는 다양하지만, 그중에서도 팬과의 긴밀한 소통과 상호작용이 핵심적 역할을 했다는 점은 결코 간과할 수 없다.

K-팝 팬들의 열정은 엔터테크를 통해 더욱 증폭되고 있다. 대표적인 사례가 바로 하이브(HYBE)가 개발한 팬 커뮤니티 플랫폼 '위버스(Weverse)'다. 2019년 출시된 위버스는 페이트런(Patreon), 디스코드(Discord) 같은 크리에이터 이코노미 플랫폼과 유사한 구조로, 아티스트와 팬이 실시간으로 교감할 수 있는 디지털 공간을 제공한다. 위버스의 등장은 팬덤 문화의 새로운 지평을 열었으며, 아티스트와 팬 간의 관계를 재정의하는 계기가 되었다.

위버스는 팬덤 중심의 커뮤니티를 구축하고 아티스트와의 직접적인 상호작용을 가능하게 했다. 팬들은 위버스에서 아티스트를 팔로우하고, 독점 게시물, 스토리, 영상은 물론 개인 다이렉트 메시지(DM)를 통해 소통할 수 있다. 또한, 한정판 굿즈 구매, 공연 조기 입장, 라이브 스트리밍 콘서트 참여 등 다양한 혜택을 누릴 수 있다. 이는 위버스를 단순한 콘텐츠 소비 채널이 아닌, 아티스트와 팬 사이에 깊은 유대감을 형성하는 공간으로 만들었다.

위버스의 가장 큰 특징은 팬과 아티스트 간 직접 소통이 가능하다는 점이다. 아티스트는 플랫폼을 통해 일상을 공유하고, 팬들의 메시지에 직접 답변하며, 라이브 방송으로 실시간 교류를 이어간다. 이러한 상호작용은 팬들에게 소속감과 친밀감을 제공하며, 아티스트에 대한 충성도를 더욱 높인다. 특히 글로벌 팬들에게는 지리적 제약을 넘어 아티스트와 연결되는 소중한 기회가 된다.

위버스의 영향력은 수치로도 입증된다. 2024년 한 해 동안 위버스에서 총 5,787건, 약 4,779시간의 라이브 스트리밍이 진행되었으며, 누적 시청자 1,125만 명, 총 4억 2,600만 뷰를 기록했다. 특히 사용자 당 연평균 50건의 라이브 방송을 시청해, 거의 매주 한 번 이상 꾸준히 이용하는 것으로 나타났다. 이는 위버스가 단순한 마케팅 플랫폼이 아니라 팬들의 일상에 깊숙이 스며든 서비스임을 보여준다.

위버스는 전 세계 245개 지역과 국가에서 사용되고 있는데, 이는 K-팝의 글로벌 영향력과 위버스의 국제적 확장 가능성을 동시에 보여준다. 2024년 가장 높은 조회 수를 기록한 방송은 BTS 정국의 '보고 싶다' 라이브로, 실시간 누적 조회 수 2,300만 회를 넘었다. 이는 단일 아티스트의 방송이 전 세계적 이벤트로 확장될 수 있음을 증명한 사례다.

초기에는 하이브 소속 아티스트(BTS, 투모로우바이투게더 등)의 공식 팬 커뮤니티로 출발했지만, 현재는 블랙핑크, 아리아나 그란데(Ariana Grande), 두아 리파(Dua Lipa), 메간 디 스탤리언(Megan Thee Stallion) 등 글로벌 아티스트로 범위를 넓혔다. 유니버설 뮤직 그룹(UMG)이 위버스를 공식 팬 플랫폼으로 채택함에 따라, K-팝에서 출발한 팬덤 모델이 글로벌 음악 산업 전반으로 확산되고 있음을 보여준다. 이는 K-팝이 만든 팬 인게이지먼트 방식이 세계 엔터테인먼트 산업의 새로운 표준으로 자리 잡고 있음을 뜻한다.

성장세도 뚜렷하다. 누적 다운로드 수 1억 5,000만 건을 넘었고, 미국 시장에서도 16% 증가하는 등 다수의 해외 시장에서 두 자릿수 성장률을 기록했다. 2024년 3분기 기준 활성 사용자 수 970만 명으로, 성장 모멘텀이 지속해서 유지되고 있다. 이는 위버스가 일시적인 유행이 아니라 팬덤 문화를 구조적으로 바꾸는 플랫폼의 역할을 하고 있다는 사실을 보여주는 증거다.

활성 사용자 수만 놓고 보면 페이스북이나 인스타그램과 같은 글로벌 소셜미디어에 비해 적을 수 있으나, 참여도 측면에서는 인상적인 성과를 보여주고 있다. 2024년 사용자 참여도는 전년 대비 32% 증가했으며, 사용자들이 작성한 게시물은 3억 7,000건을 넘었다. 이는 위버스가 대규모 사용자 유입보다 '깊은 관계'를 중시하는 슈퍼팬 기반 모델에 초점을 두고 있다는 점을 방증한다. 이는 스트리밍 2.0 시대의 본질적인 가치와도 부합한다.

또한 위버스는 라이브 스트리밍을 통해 가상 콘서트 경험을 제공함으로써, 오프라인 공연의 물리적 한계를 극복하고 전 세계 팬들에게 동등한 참여 기회를 제공한다. 2022년 부산에서 열린 BTS의 'Yet to come' 콘서트에는 무려 4,900만 명의 사용자가 몰렸다. 이는 디지털 플랫폼을 활용한 대규모 글로벌 이벤트의 가능성을 보여준 대표적인 사례다. 이러한 가상 경험은 코로나19 팬데믹 이후 더욱 중요해졌으며, 향후에도 오프라인 이벤트를 보완하는 핵심 채널로 자리 잡을 것이다.

스트리밍 2.0 시대의 슈퍼팬 경제 메커니즘

위버스의 성공은 엔터테인먼트 산업이 구독자 확보에서 구독자 참여 강화로 전환하고 있음을 보여주는 '스트리밍 2.0' 시대의 도래를 상징한다. 이 새로운 패러다임에서는 콘텐츠의 광범위한 노출보다, 깊이 있는 팬 경험과 직접적인 아티스트 - 팬 관계가 더욱 중요시된다. 스트리밍 1.0이 접근성과 편의성을 극대화했다면, 스트리밍 2.0은 연결성과 몰입도를 강화하는 방향으로 진화하고 있다.

핵심은 단순한 콘텐츠 소비자가 아닌, 적극적인 참여자로서의 팬이다. 이들은 콘텐츠를 감상하는 데 그치지 않고, 아티스트와 직접 상호작용하고, 커뮤니티에 참여하며, 굿즈 구매나 콘서트 관람 등 다양한 방식으로 관계를 확장해 나간다. 이러한 팬들의 행동은 아티스트와의 유대감을 형성하여 충성도를 높이고, 장기적인 지지와 지속 가능한 수익으로 이어진다.

위버스는 무료 이용이 가능하며, 연간 약 24달러의 유료 서비스에 가입하면 추가 혜택을 제공한다. 여기에 월 2~4달러를 내면 '디지털 멤버십'이라는 프리미엄 서비스까지 이용할 수 있는데, 이 멤버십은 슈퍼팬을 위한 맞춤형 모델로 설계되어 있다. 참여 수준에 따라 다양한 경험을 제공하는 단계적 수익화 구조는, 팬의 관심과 충성도에 비례한 자발적 소비를 끌어낸다.

위버스의 비즈니스 모델이 주목받는 이유는, 기존 소셜미디어와의 차별성에 있다. 페이스북, 인스타그램, 트위터와 같은 플랫폼에서는 팬이 아티스트의 콘텐츠를 찾기 위해 알고리즘에 의존하거나 수많은 정보 속을 헤매다녀야 한다. 반면, 위버스는 아티스트와 팬 사이에 직접적이고 집중된 소통 채널을 제공하며, 팬에게는 소속감과 만족감을, 아티스트에게는 충성도 높은 소비자 기반과 안정적인 수익 구조를 안겨준다.

하이브는 이러한 경험이 K-팝을 넘어 글로벌 음악 팬들에게도 충분히 매력을 확보할 수 있다고 확신하고 있으며, 실제 성과가 그 확신을 뒷받침하고 있다. 위버스는 아티스트와의 정서적 연결감이라는 차별화된 가치를 제공하고 있으며, 이는 다른 플랫폼에서 쉽게 대체할 수 없는 고유한 경쟁력으로 작용한다.

스트리밍 2.0 시대의 또 다른 특징은 데이터와 직접 소통 채널의 중요성이다. 위버스는 아티스트가 팬의 데이터를 직접 수집하고 관리할 수 있는 플랫폼으로, 기존 스트리밍 서비스나 소셜미디어와 확연히 다른 구조를 가진다. 아티스트는 팬들의 이메일, 위치, 선호도, 소비 패턴 등을 기반으로 맞춤형 콘텐츠 전략과 마케팅을 수립할 수 있으며, 중개자 없이 팬에게 직접 메시지를 전달할 수 있다. 이는 플랫폼 의존도를 낮추고, 아티스트의 자율성과 브랜드 통제력을 극대화하는 중요한 전환점이 된다.

슈퍼팬의 소비 특성과 참여 패턴

슈퍼팬의 소비 특성과 참여 패턴을 이해하는 것은 스트리밍 2.0 시대의 비즈니스 전략 수립에 핵심적인 요소다. 글로벌 데이터 분석 기업 루미네이트의 'Music 360' 설문조사에 따르면, 슈퍼팬은 전체 미국 음악 청취자의 약 17%에 불과하지만, 음악 관련 활동 전반에

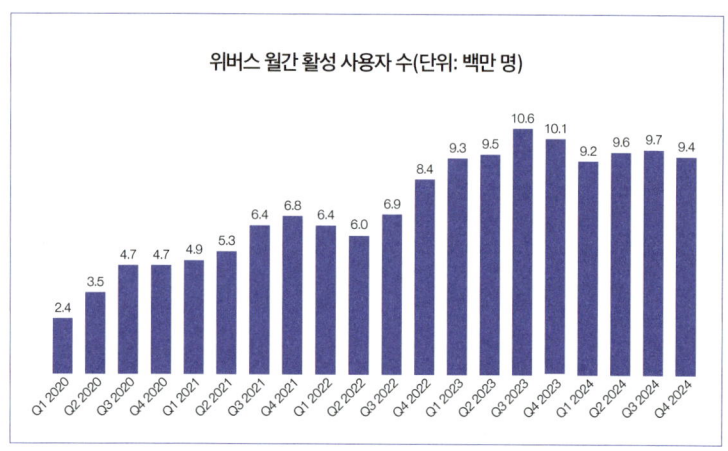

위버스 월간 활성 사용자 수 추이 (출처: 하이브)

서 일반적인 사용자보다 훨씬 더 많이 지출한다. 이는 '파레토의 법칙(80:20 법칙)'이 엔터테인먼트 산업에도 적용된다는 사실을 보여주는 대표 사례로, 소수의 열성적인 팬들이 전체 수익의 상당 부분을 창출하고 있다는 점에서 주목할 만하다.

슈퍼팬의 가장 뚜렷한 특징은 아티스트와의 다층적 상호작용이다. 음악 감상을 넘어, 라이브 공연 참석, 굿즈 구매, 소셜미디어 활동, 팬 커뮤니티 참여 등 다양한 방식으로 아티스트와 관계를 맺는다. 이러한 참여는 단순한 소비자-공급자 관계를 넘어, 아티스트와 팬 사이에 깊은 정서적 유대감과 소속감을 형성하게 한다. 슈퍼팬에게 아티스트는 단순한 콘텐츠 제공자가 아니라, 자신의 정체성과 라이프스타일의 일부로 인식된다.

특히 주목할 점은 슈퍼팬들이 경제적 부담에도 불구하고 높은 참여도를 유지한다는 것이다. 라이브 공연과 스트리밍 서비스의 가격은 해마다 오르고 있다. 버라이어티에 따르면, 2023년에서 2024년 사이 상위 100대 글로벌 투어의 평균 티켓 가격은 9.4% 상승했으며, 이는 일반 인플레이션율을 크게 웃도는 수치다. 음악 스트리밍 역시 예외가 아니다. 예컨대 아마존 뮤직은 2025년 1월 기준 미국 내 개인 무제한 상품의 요금을 월 9.99달러에서 10.99달러로 인상했으며, 가족 상품은 월 3달러 인상돼 19.99달러가 되었다. 스포티파이, 애플 뮤직 등 주요 플랫폼들도 유사한 인상을 단행했다.

이러한 가격 상승에도 불구하고 슈퍼팬의 참여도와 충성도는 여전히 높게 유지되고 있다. 특히 Z세대를 중심으로 라이브 콘서트 등 현장 이벤트에 대한 관심과 참여 의지는 오히려 강화되고 있다. 루미네이트에 따르면, 2024년 1분기와 2분기 연속으로 Z세대의 콘서트 참석률이 밀레니얼 세대를 앞섰으며, 이는 젊은 세대가 실시간 현장 경험과 공동체적 유대를 중요하게 여긴다는 것을 보여준다.

슈퍼팬의 디지털 활동 역시 매우 적극적이다. 자신을 슈퍼팬이라고 밝힌 응답자 중 약 61%는 지난 12개월 동안 디지털 음악을 구매했고, 동시에 아티스트 관련 소셜미디어 콘텐츠를 직접 게시했다고 답했다. 이는 전체 평균(각각 24%, 21%)을 훨씬 상회하는 수치로, 슈퍼팬이 아티스트의 자발적인 홍보자 역할을 하고 있음을 보여준다. 단순한 팬이 아니라 아티스트의 성공에 실질적으로 기여하는 파트너이자 옹호자인 셈이다.

슈퍼팬과 일반 팬 사이의 가장 큰 차이는 뉴스레터 구독, 굿즈 구매, 아티스트와의 온라인 상호작용에서 뚜렷하게 나타난다. 이러한 차이는 위버스와 같은 팬덤 중심 플랫폼이 제공하는 핵심 기능과 정확히 일치한다. 슈퍼팬은 아티스트와의 직접 연결성, 독점적 경험에 높은 가치를 두며, 일반 팬이 쉽게 접근할 수 없는 콘텐츠와 이벤트에 기꺼이 투자한다. 이 과정에서 자신만의 특별한 팬 경험을 구축하고자 한다.

이처럼 슈퍼팬의 특성은 새로운 비즈니스 모델의 기회를 제공한다. 이들의 높은 참여도와 지불 의사는 음악 판매나 스트리밍을 넘어, 멤버십, 독점 콘텐츠, 특별 이벤트, 굿즈, 팬 커뮤니티 등 다양한 수익 채널을 활성화할 수 있는 기반이 된다. 특히 디지털 기술의 발전은 이러한 경험과 서비스를 전 세계 어디에 있는 팬들에게나 동등하게 제공할 수 있는 가능성을 열어준다. 지리적 제약 없이 아티스트와 팬이 직접 연결되는 환경이 조성됨에 따라, 슈퍼팬 중심의 비즈니스 모델은 더욱 확대될 것으로 보인다.

슈퍼팬 기반 비즈니스 모델의 확산

슈퍼팬 중심의 비즈니스 모델은 K-팝을 넘어 글로벌 엔터테인먼트 산업 전반으로 빠르게 확산되고 있다. 하이브와 유니버설 뮤직 그룹이 '위버스'를 통해 슈퍼팬에게 직접 접근하는 데 성공했으며, 이 전략은 다른 기업들에게도 강한 영향을 미치고 있다. 스포티파이는 라이선스 계약을 통해 슈퍼팬을 겨냥한 '프리미엄 구독 서비스(Premium Subscription)'를 도입했고, 다른 스트리밍 플랫폼들 역시 유사한 방향성을 모색 중이다. 이는 기존의 단순한 콘텐츠 접근에서 차별화된 경험과 독점 혜택을 제공하는 방식으로 비즈니스 모델이 진화하고 있음을 시사한다.

슈퍼팬 중심 모델은 세 가지 핵심 요소, 즉 직접 소통 채널, 차별화된 경험, 커뮤니티 형성으로 구성된다. 직접 소통 채널은 팬과 아티스트 사이의 중개자를 줄여 보다 진정성 있는 상호작용을 가능하게 하며, 차별화된 경험은 독점 콘텐츠, 백스테이지 접근, 개인화된 메시지 등 일반 소비자가 누릴 수 없는 특별한 가치를 제공한다. 커뮤니티 형성은 같은 아티스트를 좋아하는 팬들 간의 관계를 촉진하고, 팬덤 내 유대감을 강화하여 장기적 충성도를 높인다.

위버스는 이 세 가지 요소를 유기적으로 통합한 플랫폼으로, 아티스트와 팬 간의 직접적인 소통, 독점 콘텐츠 및 굿즈 제공, 활발한 커뮤니티 활동을 모두 지원한다. 이는 팬에게 단순한 콘텐츠 소비를 넘어 정체성과 감정의 일부로 팬덤에 참여하게 만들며, 아티스트와의 관계를 깊어지게 한다. 이러한 구조는 단기적인 매출보다 장기적인 충성도와 지속적인 수익 창출에 중점을 두는 전략이다.

이러한 흐름은 2030년까지 지속적으로 강화될 것으로 전망된다. 슈퍼팬 기반 모델을 안정적으로 확장하기 위해서는, 아티스트 중심의 비즈니스 구조 재편이 필요하다. 이는 AI로부터의 저작권 보호, 로열티 구조 개선 등을 포함한다. 아티스트의 창작물과 권리가 공정하게 보호되어야만, 팬들도 안심하고 기꺼이 소비와 후원을 지속할 수 있다. 슈퍼팬 경제의 기반은 결국 아티스트에 대한 신뢰에 있다.

이와 같은 변화는 디지털 플랫폼 전반으로 확산되고 있다. 메타, 유튜브, 틱톡 등 글로벌 플랫폼들도 점차 아티스트 중심 구조로 전환 중이다. 창작자와 팬 사이의 직접 거래 및 소통을 위한 기능을 강화하고 있으며, 크리에이터 경제(Creator Economy)를 지원하는 다양한 도구를 개발하고 있다. 이는 중앙 집중형 콘텐츠 유통을 분산형 창작자 기반 모델로 전환하여 슈퍼팬 경제의 확산을 가속화할 것이다.

스트리밍 시대의 역설
: 넷플릭스 투둠이 놓친 슈퍼팬의 진실

2025년 5월 31일 오후, 로스앤젤레스 잉글우드의 기아 포럼. 넷플릭스가 야심차게 준비한 글로벌 팬 축제 '투둠(Tudum)'의 막이 오르기 10분 전, 1만 7천 석 규모의 거대한 경기장은 절반 이상이 텅 비어 있었다.

사전 행사 진행자가 마이크를 잡고 필사적으로 분위기를 띄우려 했다. "아우터 뱅크스 출연진이 여기 와 있습니다!" 희미한 박수 소리. "기묘한 이야기 팀이 여기 있습니다!" 여전히 미온적인 반응. 그러다 "레이디 가가가 옵니다!"라는 외침이 터져 나오자, 마침내 경기장이 함성으로 가득 찼다.

이 짧은 순간에 글로벌 스트리밍 거인 넷플릭스가 간과한 중요한 진실이 드러났다. 사람들은 넷플릭스의 팬이 아니었다. 그들은 '레이디 가가'의 팬이었고, 〈기묘한이야기〉의 팬이었으며, 〈오징어게임〉

의 팬이었다. 플랫폼이 아닌 콘텐츠와 아티스트의 팬이었던 것이다.

종합 엔터테인먼트의 함정

넷플릭스 CMO 마리안 리는 투둠을 "종합 엔터테인먼트 가치를 담은 축제"라고 정의했다. 실제로 이날 행사에는 벤 애플렉, 맷 데이먼, 다니엘 크레이그, 아담 샌들러, 제나 오르테가까지 할리우드의 쟁쟁한 스타들이 총출동했다. 〈오징어게임〉의 새 시즌 예고편이 공개되었고, 〈원피스〉의 '토니토니 쵸파'가 처음으로 등장했으며, 〈기묘한이야기〉의 마지막 시즌 일정이 발표되었다.

그러나 바로 이 '종합성'이 문제였다. 2시간 동안 펼쳐진 쇼는 마치 리모컨을 들고 무작위로 채널을 돌리는 것 같았다. 청소년 드라마인 〈지니&조지아〉에서 〈WWE 레슬링〉으로, 다시 일본 애니메이션 〈원피스〉에서 아담 샌들러의 코미디 영화로 정신없이 전환되었다.

버라이어티의 한 기자는 이를 '인지적 채찍질(cognitive whiplash)'이라고 표현했다. 특히 〈기묘한이야기〉 시즌 5의 감동적인 예고편 직후, 〈러브 이즈 블라인드〉 커플들의 키스 장면이 등장한 순간은 관객들에게 혼란 그 자체였다. 각 콘텐츠가 지닌 고유한 정서적 톤을 완전히 무시한 구성이었다.

레이디 가가가 증명한 진실

행사의 절정은 단연 레이디 가가의 등장이었다. 〈웬즈데이〉 시즌

2에 특별 출연한다는 깜짝 발표와 함께 무대에 오른 그녀는 노래 두 곡을 열창했고, 그제야 기아 포럼은 진정한 축제의 열기로 가득 찼다. 아이러니하게도 이날 밤의 주인공은 넷플릭스가 아니라 레이디 가가였다.

왜 그랬을까? 답은 간단하다. 레이디 가가는 20년 넘게 '리틀 몬스터즈'라는 이름의 팬덤을 직접 가꾸어왔다. 그녀는 단순한 대중 스타가 아니라 자신만의 예술적 정체성과 퍼스널 브랜드로 팬들과 깊은 유대를 형성해왔다. 팬들은 그녀의 음악뿐 아니라 그녀가 추구하는 가치, 그녀의 이야기, 그녀의 진정성을 사랑한다.

반면 넷플릭스는 무엇인가? 수많은 콘텐츠를 제공하는 플랫폼일 뿐이다. 사람들이 넷플릭스를 구독하는 이유는 플랫폼 자체를 사랑해서가 아니라, 그 안에 담긴 개별 콘텐츠 때문이다.

디즈니와의 결정적 차이

누군가는 반문할 수 있다. 디즈니도 D23 엑스포에서 비슷한 방식의 대규모 쇼케이스를 진행하지 않는가? 맞다. 하지만 디즈니와 넷플릭스 사이에는 결정적인 차이가 있다.

디즈니는 100년의 역사를 가진 브랜드다. 미키마우스부터 마블, 스타워즈, 픽사까지, 디즈니라는 이름 아래 통합된 정체성이 있다. 할머니부터 손자까지 3대가 함께 디즈니를 사랑할 수 있는 이유는, 디즈니가 단순한 콘텐츠 제공자가 아니라 하나의 문화적 유산이자 정서적 고향이기 때문이다. 넷플릭스에게는 이런 통합된 정체성이

투둠2025 라이브 이벤트(출처 : 넷플릭스)

없다. 넷플릭스는 알고리즘으로 추천하고, 자동 재생으로 시청을 유도하는 효율적인 플랫폼이다. 하지만 효율성이 팬덤을 만들지는 못한다. 팬덤은 정서적 연결에서 태어난다.

슈퍼팬 시대의 도래

우리는 지금 '슈퍼팬의 시대'를 살고 있다. 음악 산업에서는 이미 이 변화가 뚜렷하게 나타나고 있다. 스포티파이의 무제한 스트리밍보다 LP 한정판이 더 높은 가치를 지니고, BTS 팬들은 위버스에서 월정액을 내고 아티스트와 소통한다. 테일러 스위프트의 팬들은 그녀의 콘서트 티켓을 위해 몇 시간씩 대기하고, 그녀가 자신의 앨범 권리를 되찾는 여정을 함께 응원한다. 이런 슈퍼팬들이 원하는 것은 무엇일까?

첫째, 진정성 있는 관계다. 그들은 좋아하는 아티스트나 콘텐츠와 더 깊이 연결되기를 원한다. 단순히 시청하는 것을 넘어 참여하고, 소속감을 느끼고, 함께 성장하기를 바란다.

둘째, 독점적 경험이다. 남들이 갖지 못한 특별한 무언가, 비하인드 스토리, 제작진과의 만남, 한정판 굿즈 등을 통해 자신의 팬덤을 표현하고 싶어 한다.

셋째, 커뮤니티다. 같은 것을 사랑하는 사람들과 연결되어 그 사랑을 나누고 증폭시키기를 원한다.

한국이 가진 기회

흥미롭게도, 이런 슈퍼팬 문화를 가장 잘 이해하고 실천하는 곳은 바로 한국이다. K-팝은 이미 전 세계에 팬덤 문화의 새로운 표준을 제시했다. 응원봉, 포토카드, 팬카페, 생일 광고, 음원총공까지, 이 모든 것들이 한국에서 시작되어 글로벌 스탠다드가 되었다.

위버스의 성공이 이를 잘 보여준다. 단순히 음악을 듣는 플랫폼이 아니라, 아티스트와 팬이 직접 소통하고, 팬들끼리 커뮤니티를 형성하며, 독점 콘텐츠를 즐기는 공간. 이것이야말로 슈퍼팬 시대가 요구하는 플랫폼의 모습이다.

그렇다면 한국의 스트리밍 플랫폼들은 어떤 전략을 취해야 할까? 먼저, 티빙의 〈환승연애〉 시리즈를 보자. 단순한 리얼리티 프로그램을 넘어 하나의 문화 현상이 되었다. 팬들은 출연자들의 인스타그램을 팔로우하고, 그들의 근황을 추적하며, 프로그램이 끝난 후에도 관계를 이어간다. 이것이 바로 콘텐츠가 팬덤으로 진화하는 과정이다. 웨이브는 스포츠 중계에서 가능성을 찾을 수 있다. 단순히 경기를 보여주는 것이 아니라, 팬들이 함께 응원하고, 선수들의 비하인드 스토리를 공유하며, 경기 후 하이라이트를 다시 보고 토론하는 공간을 만드는 것이다. 왓챠는 이미 영화 애호가들의 성지가 되어가고 있다. 큐레이션의 깊이, 평점 시스템의 정교함, 독립영화와 예술영화에 대한 애정. 이런 요소들이 시네필이라는 특정 팬덤을 끌어모으고 있다.

플랫폼을 넘어 생태계로

넷플릭스가 투둠에서 보여준 것은 20세기적 사고의 연장선이었다. 많은 콘텐츠를 한 번에 보여주면 사람들이 감탄할 것이라는, 일종의 '쇼크 앤 오(Shock and Awe)' 전략이었다. 하지만 21세기의 팬들은 그런 방식에 감동하지 않는다.

한국 플랫폼들이 나아가야 할 방향은 명확하다. 플랫폼을 넘어 생태계를 만드는 것이다. 각 콘텐츠가 고유한 팬덤을 형성하고, 그 팬덤이 성장하며, 서로 시너지를 내는 유기적 생태계 말이다.

예를 들어, 〈오징어게임〉의 팬들을 위한 전용 공간을 만든다고 생각해보자. 단순히 다음 시즌을 기다리는 것이 아니라, 감독과의 대화, 배우들의 비하인드 영상, 팬아트 공모전, 〈오징어게임〉 유니버스의 확장, 굿즈 판매, 오프라인 체험 공간까지. 이 모든 것이 하나의 생태계를 이룬다.

에필로그: 진정성의 시대

투둠 2025의 텅 빈 좌석들은 우리에게 중요한 교훈을 남겼다. 아무리 화려한 스타들을 모아놓아도, 아무리 많은 콘텐츠를 보여줘도, 진정성 없는 연결은 공허할 뿐이라는 것을. 스트리밍 전쟁의 다음 라운드는 '콘텐츠의 양'이 아니라 '팬덤의 질'로 결정될 것이다. 그리고 이 전장에서 한국은 이미 강력한 무기를 가지고 있다. K-팝이 증명한 팬덤 문화의 DNA, 그것을 K-드라마, K-무비, K-예능으로 확장할 때다. 넷플릭스가 '모든 것을 위한 축제'에서 길을 잃고 있을 때, 한국 플랫폼들은 '각자를 위한 우주'를 만들 기회를 맞이했다. 문제는 이 기회를 어떻게 활용할 것인가다.

슈퍼팬의 시대가 왔다. 이제 우리가 답할 차례다.

2장
슈퍼팬 비즈니스

스포츠 비즈니스,
미디어와 엔터테인먼트의 경계를 허물다

2025년 3월, 스포츠 산업에 거대한 지각변동이 일어났다. 미국 프로농구(NBA)의 명문 구단 보스턴 셀틱스가 심포니 테크놀로지 그룹을 주축으로 한 컨소시엄에 무려 61억 달러에 매각된 것이다. 이는 미국 스포츠 프랜차이즈 역사상 최고가 기록이자, 단순한 구단 거래를 넘어 스포츠 산업의 미래를 암시하는 신호탄이 되었다.

무엇이 스포츠 구단의 가치를 이토록 높게 만들었을까? 그 해답은 스포츠가 더 이상 '경기'만을 제공하는 사업이 아니라는 데 있다. 오늘날 스포츠 산업은 단순한 중계나 티켓 판매를 넘어, 스토리텔링과 콘텐츠 제작, 팬 경험 설계까지 포괄하는 거대한 미디어·브랜드 생태계로 확장되고 있다. 이는 미디어 기업과 글로벌 브랜드 모두에게 새로운 기회의 장을 열어주고 있다.

보스턴 셀틱스는 이러한 흐름을 선도하며 전통적인 스포츠팀에서 벗어나 '미디어·엔터테인먼트 기업'으로 거듭나고 있다. 이 변화는 결코 우연이 아니다. 이제 스포츠 구단은 그라운드 위 90분의 경기를 넘어, 24시간 365일 팬들과 끊임없이 연결되고, 수익을 창출하는 하나의 플랫폼으로 작동한다. 그리고 이 변화의 중심에 슈퍼팬이 있다.

슈퍼팬의 부상, 관중에서 참여자로

슈퍼팬은 스포츠 산업에서도 핵심 화두가 되었다. 슈퍼팬은 단순한 관람객이 아니다. 뉴스레터 구독, 굿즈 구매, 소셜미디어 활동, 선수와의 팬미팅, 팀 관련 콘텐츠 소비 등, 최소 다섯 가지 이상 방식으로 팀과 적극적으로 소통하는 이들이다.

전통적으로 스포츠 팬들의 역할은 경기장을 찾아 응원하거나 TV 중계를 시청하는 '관중'에 머물렀다. 그러나 디지털 기술의 발전과 소셜미디어의 확산은 팬들을 '참여자'로 진화시켰다. 이들은 콘텐츠를 소비하는 데 그치지 않고, 자신만의 콘텐츠를 생산하고 공유하며, 때로는 팀의 중요한 의사결정에까지 목소리를 내고자 한다.

2023년, 약 9,550만 명의 미국인이 디지털 플랫폼을 통해 라이브 스포츠를 시청했다. 이는 전통적인 TV 중심의 시청 습관이 디지털 기반으로 전환되고 있음을 보여주는 상징적 변화다. 팬들이 팀과 선수를 경험하는 방식이 근본적으로 재편되고 있으며, 경기를 '보는' 것을 넘어, 경기에 '참여'하는 새로운 문화가 자리 잡고 있다.

딜로이트의 '2025 디지털 미디어 트렌드 조사'에 따르면, Z세대는 기존 세대보다 소셜 플랫폼과 사용자 제작 콘텐츠를 시청하는 데 54% 더 많은 시간을 쓰며, 하루 평균 50분을 더 소비하는 반면, 전통적인 TV 시청에는 26%, 약 44분 덜 소비한다. 이는 새로운 세대의 콘텐츠 소비 방식이 얼마나 다층적이며 적극적인지를 보여준다.

이러한 변화에 대응하기 위해, 스포츠 구단들은 자체 디지털 플랫폼을 구축하고 팬들과 직접 연결되는 채널을 확대하고 있다. NBA의 피닉스 선즈(Phoenix Suns)는 지역 스포츠 네트워크(RSN)나 케이블 TV에 의존하지 않고, 자체 스트리밍 서비스인 'Suns Live'를 통해 팬들에게 직접 콘텐츠를 제공한다. 이를 통해 '코드 커팅(cord-cutting)' 세대를 아우르며 구독료, 광고, 커머스 등 다각적인 수익 모델을 확보하는 데 성공했다.

데이터로 무장한 팬 경험의 혁신

디지털 시대는 곧 데이터의 시대이기도 하다. 스포츠 구단들은 자사 플랫폼을 통해 확보한 퍼스트 파티 데이터(1st Party Data)를 바탕으로, 팬 개개인에게 최적화된 경기 안내, 티켓 프로모션, 굿즈 추천 등을 제공하는 등 정교한 맞춤형 마케팅을 펼치고 있다. 이는 스포츠 팀을 하나의 '라이프스타일 브랜드'로 진화시키는 전략이다.

딜로이트의 조사에 따르면, 전체 응답자의 58%가 "현장 관람 중에도 집에서 시청하는 것만큼의 실시간 데이터와 리플레이 기능을 원한다"라고 답했으며, Z세대와 밀레니얼 세대에서는 이 수치가 무려 70%에 달했다. 현대의 팬들은 단지 경기를 '보는' 것이 아니라, '이해하고 분석하는' 능동적 참여자가 되기를 원하고 있다.

이에 발맞춰 IBM은 'US 오픈 테니스 대회'에서 AI를 활용한 분석 서비스를 제공했다. 서브 스피드 예측, 경기 상황별 승률 추정, 과거 전적 기반 통계 등이 실시간으로 제공되며, 팬들은 더욱 깊이 있는 경기 경험을 누릴 수 있다. NFL과 NBA도 AI 기반의 중계 플랫폼을 도입해 시청자들에게 '경기 해석의 즐거움'을 선사하고 있다.

이처럼 데이터 중심의 팬 경험 혁신이 스포츠 관람의 새로운 차원을 열고 있다. 오늘날 팬들은 더 이상 수동적인 관중이 아니다. 그들은 데이터를 활용해 경기를 분석하고, 통계를 통해 흐름을 예측하고, 팀의 전략과 함께 숨 쉬는 진정한 참여자가 되어가고 있다.

엔터테크가 바꾸는 스포츠 관람의 미래

스포츠 구단의 진화는 관람의 방식까지 급격히 변화시키고 있다. 팬들은 AI, VR, AR 등 첨단 기술을 활용해 더욱 몰입적인 방식으로 경기를 즐긴다. 과거에는 중계 카메라가 보여주는 하나의 화면, 동일한 정보를 모든 시청자가 공유했다. 그러나 AI 알고리즘이 진화하면서, 팬들마다 자신의 시청 이력, 관심 종목, 소셜미디어 활동 등을 기반으로 개인화된 추천 콘텐츠를 제공받는다. 하이라이트 영상부터 팀 관련 뉴스, 실시간 베팅 팁까지, '나만을 위해 준비된' 스포츠 콘텐츠를 경험하게 된 것이다.

직접 경기장을 찾은 팬들의 체험도 극적으로 달라졌다. 얼굴 인식 기술로 손쉽게 입장할 수 있고, 군중 흐름 분석을 통해 가장 빠른 경로의 매점이나 굿즈 샵을 안내받는 기능도 등장했다. AR 기술을 활용하면, 경기장 내에서도 스마트폰으로 실시간 선수 정보와 통계를 확인할 수 있다. VR은 이 모든 경험을 물리적 한계를 넘어 확장시킨다. VR 헤드셋을 통해 집에서도 마치 '코트사이드'에 앉아있는 듯한 생생한 관람이 가능해졌으며, 이는 특히 해외 팬들에게 특별한 의미를 지닌다. 시차와 거리의 장벽을 넘어, 그들은 이제 가상 공간에서 팀과 함께 호흡한다.

AI, VR, AR로 대표되는 엔터테크의 발전은 스포츠 관람의 패러다임을 완전히 바꾸고 있다. 팬들은 이제 더 이상 일방적인 수신자가 아니라, 데이터와 기술을 통해 자신만의 방식으로 스포츠를 '경험'하는 존재가 되었다. 이러한 변화가 스포츠 산업의 경계를 허물고, 새로운 생태계를 열어가고 있다.

팀에서 글로벌 문화 브랜드로, 새로운 정체성의 탄생

NBA 구단들은 스포츠의 경계를 넘어 전 세계적인 문화 아이콘이 되어가고 있다. 보스턴 셀틱스를 비롯한 주요 구단들은 글로벌 패션 브랜드와의 협업, 힙합 뮤직비디오 출연, 게임 파트너십 등 다각적인 활동을 통해 스포츠를 넘어 엔터테인먼트 전반에 강력한 영향력을 행사하고 있다.

나이키, 아디다스 같은 전통적인 스포츠 브랜드뿐 아니라, 명품 디자이너와의 협업을 통해 팀 유니폼을 단순한 응원 도구가 아니라 하나의 라이프스타일 필수품으로 재정의하고 있다. 선수와 팀은 힙합 가사, 인기 게임, 유명인의 투자 뉴스 속에서도 빈번하게 언급되며, NBA는 패션위크, 그래미, 주요 예술 및 음악 페스티벌 등에서도 문화의 중심축으로 떠올랐다.

경기 전 선수들이 경기장에 입장하는 장면, 이른바 'pregame walk-up'은 소셜미디어에서 일종의 패션 쇼케이스로 기능하고 있다. 경기력뿐만 아니라 패션, 음악, 예술 전반에 걸쳐 선수와 팀이 트렌드를 이끄는 '스타일 아이콘'으로 부상하고 있는 것이다.

한국 스포츠 산업의 새로운 도전과 기회

이러한 변화는 한국 스포츠 산업에도 강력한 시사점을 던진다. K-팝이 전 세계를 무대로 팬덤 비즈니스의 성공적 모델을 보여주었듯, 한국의 프로스포츠 또한 '슈퍼팬'을 중심으로 한 새로운 비즈니스 전략을 설계할 수 있는 기반을 갖추고 있다.

KBL(프로농구), KBO(프로야구), K리그(프로축구) 등 국내 리그 역시 '구단의 미디어 기업화'에 주목할 필요가 있다. 지금까지는 중계권 판매, 입장 수익, 스폰서십에 의존해왔지만, 이제는 자체 스트리밍 서비스, SNS 채널, 팬 커뮤니티, 굿즈 플랫폼 등 디지털 자산을 활용한 '직접 소통형 수익 모델'로의 전환이 필요하다.

한국이 세계적으로 손꼽히는 디지털 인프라와 ICT 기술 강국이라는 점도 주목할 만하다. AR/VR, 메타버스, AI와 같은 첨단 기술을 스포츠 콘텐츠에 접목할 경우, 글로벌 무대에서 경쟁력을 갖출 수 있는 충분한 잠재력을 지니고 있다.

실제로 일부 K리그와 KBO 구단들은 한류 팬층과의 접점을 넓히며 해외 팬덤을 점차 확보하고 있다. NBA 구단들처럼 유튜브 중심의 글로벌 브랜딩, 적극적인 SNS 콘텐츠 운영, 해외 배송이 가능한 굿즈 플랫폼 등을 강화한다면, 한국 팀들도 글로벌 확장의 전초기지를 확보할 수 있다.

K-팝 아티스트와의 콜라보를 통한 팀 앰배서더 제도, 유명 디자이너와의 팀 컬렉션 출시, 경기 전 선수 입장을 패션 행사처럼 구성하는 등의 전략은 한국 스포츠의 문화적 입지를 강화하는 데 실질적인 도움이 될 수 있다. 더불어 네이버 제페토와 같은 국내 메타버스 플랫폼과 협업하거나, SKT·KT 등과 함께 5G 스마트 스타디움을 구축하는 방식으로, 팬들에게 전례 없는 디지털 관람 경험을 제공할 수도 있다.

슈퍼팬 육성을 위한 한국형 전략 로드맵

한국 스포츠 산업이 '슈퍼팬' 중심의 비즈니스 모델을 성공적으로 구축하기 위해서는 단발성 캠페인이 아닌, 체계적이고 지속 가능한 전략이 요구된다. 아래는 한국형 슈퍼팬 육성을 위한 단계별 로드맵으로, 디지털 전환기 속에서 스포츠 구단이 새로운 문화 브랜드로 도약하기 위한 전략적 청사진이다.

1단계(기반 구축기, 1년 내): 먼저, 팬 데이터를 통합 관리할 수 있는 시스템을 구축해야 한다. 이를 통해 팬들의 소비 패턴과 선호도를 정밀하게 분석하고, 의사결정에 반영할 수 있는 데이터 기반 체계를 마련해야 한다. 이와 함께 SNS 콘텐츠 전담팀을 신설하고, 채널별 특화 콘텐츠 전략을 수립하여 디지털 플랫폼에서 팬과의 접점을 확장해야 한다. 선수 개개인의 브랜딩을 지원하고, 소셜미디어 활동을 강화함으로써 팬들과의 정서적 유대를 공고히 해야 한다. 기존 팬 커뮤니티를 활성화하는 동시에, '슈퍼팬 패키지'와 같은 멤버십 프로그램을 도입해 열정적인 지지자들에게 특별한 경험을 제공하는 것도 필요하다.

2단계(확장기, 1~3년): 기반이 다져졌다면, 다음은 플랫폼의 주도권을 확보하는 일이다. 자체 OTT 서비스 또는 특화된 앱을 통해 팬들에게 직접 콘텐츠를 제공하고, 시청 데이터와 상호작용 정보를 통해 팬 경험을 정교하게 설계해야 한다. 이 과정에서 엔터테인먼트 기업, IT 스타트업과의 전략적 제휴를 통해 시너지를 창출하고, AR/VR 기반의 몰입형 경험을 제공함으로써 '보는 스포츠'에서 '체험하는 스포츠'로의 전환을 유도해야 한다. 글로벌 팬을 겨냥한 다국어 서비스와 현지화된 콘텐츠 전략도 병행해야 한다. 팬들이 언어나 문화의 장벽 없이 팀과 소통할 수 있는 환경을 조성함으로써, 국경 없는 팬덤을 실현할 수 있다.

3단계(고도화기, 3~5년): 마지막 단계는 구단 주도의 독립형 미디어 생태계를 완성하는 것이다. 콘텐츠의 제작-유통-소비 전 과정을 자율적으로 운영할 수 있는 구조를 갖추고, 메타버스·AI 등 차세대 기술 기반의 팬 플랫폼을 구축해야 한다. 이로써 구단은 단순한 경기 운영 조직을 넘어, 스포츠·엔터테인먼트·테크놀로지를 아우르는 '엔터테크 기업'으로 진화할 수 있다. 이는 경기 자체보다 더 큰 가치를 창출하는 새로운 문화 콘텐츠 기업으로 나아가는 결정적 분기점이 될 수 있다.

미래를 위한 선택, 슈퍼팬 중심의 스포츠 생태계

보스턴 셀틱스의 61억 달러 매각은 스포츠 구단이 더 이상 단순한 경기 운영 조직이 아님을 상징적으로 보여주었다. 이제 스포츠는 경기장의 시간과 공간을 넘어, 미디어와 테크, 문화 콘텐츠를 융합하는 거대한 플랫폼으로 진화하고 있다. 그리고 그 중심에 '슈퍼팬'이라는 강력한 팬층이 자리하고 있다.

한국 스포츠 역시 '구단의 미디어 기업화'와 '슈퍼팬 전략'이라는 새로운 패러다임을 직시해야 할 시점이다. K-팝의 성공이 입증했듯,

한국은 열정적인 팬덤 기반 비즈니스 모델을 설계하고 확장하는 데 세계 최고 수준의 경쟁력을 지니고 있다. 여기에 세계적 수준의 ICT 인프라, 정교한 콘텐츠 제작 능력, 혁신을 두려워하지 않는 대중문화 DNA가 더해진다면, 한국 스포츠 구단들도 충분히 글로벌 영향력을 가진 미디어 엔터테인먼트 브랜드로 성장할 수 있을 것이다.

슈퍼팬을 중심에 둔 스포츠 생태계는 단순한 유행이 아니다. 이는 글로벌 경쟁력을 확보하고, 지속 가능한 성장을 도모하기 위한 전략적 필연이다. 엔터테크 시대, 팬은 더 이상 응원하는 존재가 아니라, 구단과 함께 새로운 문화를 창조해나가는 주체다.

푸드 산업,
스토리텔링과 디지털 혁신 전략

푸드 산업에서의 슈퍼팬 육성은 브랜드의 지속적인 성장과 경쟁력 확보를 위한 핵심 전략이다. 단순히 맛있는 음식을 제공하는 것이 아니라 소비자와 깊은 정서적 연결을 구축하고, 차별화된 가치를 전달하겠다는 접근이 필요하다. 기술, 엔터테인먼트, 문화적 요소를 접목한 복합적인 전략이 중요하다.

슈퍼팬 육성의 핵심 전략

푸드 브랜드가 슈퍼팬을 확보하기 위해서는 무엇보다 먼저 자신만의 독특한 이야기를 세상에 전해야 한다. 브랜드의 철학, 요리사의 열정, 식재료 선택의 이유, 조리 과정에 담긴 의미 등 감동적인 서사를 소비자와 나누는 것이다. 소비자들은 맛있는 음식에 매료되기도 하지만, 그보다는 음식이 담고 있는 이야기와 가치에 감동받는다. '성심당' '나폴레옹제과점' 같은 브랜드는 정직한 재료 사용에 대한 진정성, 장인 정신으로 강력한 팬층을 확보했다. '이문설렁탕' 같은 전통 음식점들은 대대로 이어온 레시피와 가족 이야기를 브랜드의 핵심 자산으로 삼아 소비자들에게 깊은 신뢰를 주고 있다.

현대의 소비자들은 단순한 제품 구매를 넘어 특별한 경험을 원한다. 이에 따라 음식 자체뿐만 아니라 공간, 서비스, 분위기 등 오감을 자극하는 총체적인 경험이 브랜드와 소비자 간의 관계를 강화하는 핵심 요소가 된다. '밍글스' 같은 미쉐린 스타 레스토랑들은 모든 감각을 자극하는 종합적인 다이닝 경험을 제공하며, '오설록'은 차 문화 체험을 통해 단순한 음료 이상의 가치를 전달한다.

아울러 현대 소비자들은 자신의 소비가 사회와 환경에 미치는 영향에도 민감하게 반응한다. 따라서 윤리적 소싱, 지속 가능성, 로컬 푸드 운동 등의 가치를 실천하고 이를 투명하게 소통하는 브랜드들이 이 같은 가치에 공감하는 소비자들의 충성도를 끌어낼 수 있다. '마켓컬리'는 신선한 식재료의 품질과 생산자와의 직거래를 강조하며 윤리적 소비를 중시하는 소비자들의 신뢰를 얻고 있으며, '제로 웨이스트 카페'들은 일회용품 사용을 최소화하고 친환경 패키징을 도입하여 환경 의식이 높은 소비자들 사이에서 강한 충성도를 형성하고 있다.

푸드 산업에서의 슈퍼팬 전략은 결국, 브랜드가 단순히 음식을 파는 곳이 아니라 삶의 가치를 제안하는 존재로 진화하는 과정을 의미한다. 음식은 입안에서 사라지지만, 그 음식이 남긴 감동과 경험은 소비자의 기억 속에 오래도록 남는다. 그리고 그 기억을 다시 찾게 만드는 힘은 바로, 슈퍼팬이라는 진정한 동반자에게서 비롯된다.

기술을 활용한 슈퍼팬 육성 전략

푸드 브랜드 역시 슈퍼팬 육성을 위해 기술을 전략적으로 활용할 필요가 있다. 그중에서도 소셜미디어는 슈퍼팬과 소통하고 영향력을 확대하는 핵심 채널이다. 인스타그램, 유튜브, 틱톡 등 시각 중심 플랫폼을 통해 매력적인 비주얼과 스토리텔링으로 음식 경험을 공유하고 확산시키는 것이 중요하다. 예를 들어, '설빙'은 계절별 신메뉴를 출시할 때마다 인플루언서 마케팅과 온라인 이벤트를 연계해 소셜미디어에서 화제를 만들어내는 전략을 활용하고 있다.

AR/VR 기술은 푸드 경험을 몰입형으로 확장시키는 데 활용되고 있다. 메뉴판에 AR을 적용해 요리의 실제 모습을 미리 보여주거나, VR을 이용해 식재료 원산지나 생산 과정을 가상 공간에서 체험할 수 있도록 구성한 서비스들도 등장하고 있다. 이러한 기술은 소비자에게 차별화된 경험을 제공함으로써 브랜드에 대한 흥미와 감정적 몰입을 유도하는 데 기여한다. 서울의 일부 고급 레스토랑에서는 AR 기반 인터랙티브 테이블이나 프로젝션 매핑 기술을 활용해 식사 자체를 하나의 몰입형 공연으로 전환하고 있다.

블록체인 기술을 활용하면 식품의 생산부터 소비자에게 도달하기까지의 전 과정을 투명하게 추적할 수 있다. 소비자가 QR 코드만 스캔하면 식재료의 원산지, 유통 과정, 신선도 등을 즉시 확인할 수 있는 시스템은 브랜드에 대한 신뢰를 강화하고 충성도를 높이는 데 결정적인 역할을 한다. 실제로 국내 일부 프리미엄 한우 브랜드들은 소비자가 고기의 출생부터 도축, 유통, 판매까지 모든 이력을 확인할 수 있도록 하고 있다.

기술은 도구에 그치지 않는다. 그것은 경험을 설계하고 신뢰를 구축하며, 소비자와의 관계를 진화시키는 매개다. 푸드 산업이 기술을 창의적이고 정교하게 활용할 때, 고객은 더 깊이 브랜드에 몰입하고, 오래 머문다.

한국 푸드 시장의 슈퍼팬 육성 기회

한류의 영향으로 한식에 대한 관심이 증가하면서, 한국의 푸드 브랜드들이 국내외에서 슈퍼팬을 확보할 새로운 기회를 맞이했다. CJ, 오뚜기, 농심 등은 한식의 글로벌화에 앞장서며 해외 시장에서도 팬층을 구축하고 있다. 신라호텔의 한식당은 한식을 현대적으로 재해석해 외국인 관광객에게 한식의 가치를 전달한다. 특히 K-드라마와 K-팝에 등장하는 한국 음식이 글로벌 팬들 사이에서 큰 관심을 받으며, 이를 활용한 콜라보레이션 마케팅이 한창이다.

밀레니얼 세대와 Z세대는 브랜드의 철학과 사회적 가치를 중시하는 경향이 강하다. 제로 웨이스트 운동에 초점을 맞춘 브랜드 '더피커', 공정무역 커피를 강조하는 '얼스어스' 같은 카페들은 가치 소비를 중시하는 MZ 세대 팬들을 확보하고 있다. 채식주의 레스토랑들은 환경과 동물복지에 대한 관심을 반영함으로써 특정 가치관을 지닌 소비자들 사이에서 강한 커뮤니티를 형성하고 있다.

음식 배달, 구독 서비스, 대체 단백질, 클라우드 키친 등 다양한 푸드테크 스타트업들이 등장하고 있다. 대체육 기업 '더플랜잇'은 기술과 음식을 결합하는 혁신으로 차별화된 가치를 만들어 팬을 확보하고 있으며, 스마트 팜 기업들은 신선한 로컬 식재료를 활용한 프리미엄 식품 브랜드로 푸드 산업의 미래를 선도하고 있다.

엔터테인먼트와 푸드의 융합

한국에서는 유명 셰프들이 TV 프로그램, 유튜브 채널, SNS 등 다양한 미디어를 통해 자신만의 브랜드를 구축하며 셰프의 셀러브리티화를 이끌고 있다. 최현석, 이원일, 강레오 등 유명 셰프들은 단순히 음식을 만드는 것에 그치지 않고, 요리를 엔터테인먼트 콘텐츠로 재해석하여 폭넓은 팬층을 형성했다. 이들의 레스토랑은 이제 단순한 식당이 아니라, 셰프의 세계관과 철학을 경험할 수 있는 상징적 공간으로, 팬들의 방문을 유도하는 핵심 요소다.

이러한 흐름과 맞물려, 음식이 다양한 엔터테인먼트 콘텐츠와 결합해 더 큰 파급력을 발휘하고 있다. 〈윤식당〉, 〈강식당〉, 〈맛남의 광장〉 등 인기 TV 프로그램, 넷플릭스의 〈셰프의 테이블〉 같은 다큐멘터리 시리즈는 음식에 대한 대중의 관심을 높이는 동시에, 특정 식재료나 요리법, 특정 식당에 대한 팬층을 만들어내고 있다. 푸드 브랜드들은 이러한 콘텐츠와 협업하여 브랜드의 노출을 극대화하고, 소비자들의 호기심과 감정적 몰입을 유도한다. 〈맛있는 녀석들〉 같은 먹방 콘텐츠는 특정 음식점이나 메뉴에 대한 폭발적 인기를 이끄는 강력한 마케팅 도구로 기능하고 있다.

이와 더불어, 소비자의 참여와 몰입을 유도하기 위해 게임화(Gamification) 전략을 도입하는 업체들도 늘고 있다. 모바일 앱에 포인트 적립, 레벨 시스템, 배지 수집 등의 게임 요소를 접목하여 소비자와의 일상적인 접점을 늘리고, 자연스럽게 충성도를 높이는 방식이다. '스타벅스'의 리워드 프로그램은 이러한 전략의 대표적인 사례로, 게임적 요소를 통해 소비자들의 반복적 방문과 앱 내 활동을 유도한다. 일부 식당 리뷰 앱들은 사용자가 특정 지역의 식당을 모두 방문하거나 다양한 카테고리의 음식을 경험할 경우 특별한 배지를 제공하는 등 소비자 스스로가 브랜드와 연결된 여정을 '도전'처럼 느끼게 만드는 전략을 펼치고 있다.

한편, 라이브 커머스는 한국 푸드 산업에서 빠르게 확산되고 있는 마케팅 채널로 자리 잡고 있다. 유명 셰프나 인플루언서가 실시간으로 요리를 시연하거나 제품을 소개하는 방송은 소비자와의 즉각적인 피드백 및 상호작용을 가능하게 하여, 전통적인 홍보 방식보다 훨씬 밀도 있는 관계 형성을 가능케 한다. '네이버 쇼핑라이브'나 '카카오쇼핑라이브'와 같은 플랫폼에서는 식품 브랜드들이 시즌별 신제품을 소개하고, 특별 할인과 함께 실시간 소통을 진행하며 팬층을 적극적으로 확대해 나가고 있다.

한국 시장에서의 푸드 슈퍼팬 사례

노보텔 앰배서더의 '푸드 익스체인지'는 강력한 슈퍼팬을 확보한 사례 중 하나다. 이 뷔페 레스토랑은 인스타그램에 최적화된 시각적 연출과 계절별 테마 이벤트를 결합하여, 단순한 식사가 아닌 '기념하고 싶은 경험'을 제공한다. 고급스러운 음식 품질과 도심의 전경을 함께 누릴 수 있는 총체적 다이닝 경험은 SNS상에서 높은 공유율과 입소문을 유도했고, 이를 기반으로 특별한 날의 '버킷리스트 장소'로 자리 잡았다. 고객 참여형 이벤트와 인플루언서와의 협업은 이러한 흐름을 가속화하며 온라인상의 팬덤을 공고히 하고 있다.

코로나19 팬데믹 이후 급속도로 확장된 밀키트 시장에서도 슈퍼팬 육성의 흐름이 두드러진다. '프레시지', '심플리쿡', '캐치프레시' 등의 브랜드는 식품의약품안전처의 HACCP 인증을 기반으로 안전성과 신뢰를 확보하며 시장을 선도해왔다. 이들은 유명 레스토랑 메뉴를 밀키트 화하거나 유명 셰프와의 협업으로 고급화 전략을 펼쳤고, 제철 식재료를 활용한 시즌 한정 제품으로 소비자의 반복 구독을 유도했다. 소비자들이 직접 만든 요리 결과물을 SNS에 공유하도록 유도함으로써 사용자 생성 콘텐츠를 중심으로 한 바이럴 마케팅도 성공적으로 이끌었다.

서울 삼성동의 '스타필드 코엑스몰 푸드코트'는 단순한 식사 공간에서 벗어나 음식과 문화를 접목한 복합 체험 공간으로 재정의되었다. 이곳은 푸드 트럭 페스티벌, 셰프 시연회, 식문화 전시 등 다양한 문화 이벤트를 정기적으로 개최하여 방문객에게 새로운 감각적 경험을 제공한다. 시즌별 테마 데코레이션과 팝업 스토어 운영 등으로 시각적 즐거움을 더하고, 쇼핑과 엔터테인먼트, 다이닝을 하나의 경험으로 엮어내는 '원스톱 문화 공간'으로 소비자들의 반복 방문을 유도하고 있다.

이러한 사례들은 한국 푸드 브랜드가 슈퍼팬을 육성하기 위해 어떤 전략을 활용하고 있으며, 각 브랜드의 고유한 접근 방식이 어떻게 팬덤 형성과 지속적인 관계 유지로 이어지는지를 잘 보여준다. 접근성과 가격 경쟁력, SNS 콘텐츠 전략, 브랜드 체험 설계, 안전성과 가치 소비 등 다양한 요소들을 유기적으로 결합할 때, 푸드 브랜드는 단순한 '먹을거리'가 아니라 '기억에 남는 경험'으로 소비자의 마음속에 자리 잡을 수 있다.

푸드 슈퍼팬 문화의 진화

최근 메타버스 플랫폼 내에 가상 레스토랑과 식품 브랜드 체험 공간이 등장하고 있다. '제페토'나 '로블록스' 같은 플랫폼에서는 식품 브랜드들이 가상 공간을 구축하여 새로운 형태의 소비자 경험을 제공한다. 이는 물리적 제약 없이 브랜드의 세계관을 구현하고, 글로벌 소비자들과 연결될 기회를 만들어준다. 앞으로는 디지털 아바타를 위한 가상 음식 아이템 판매나 가상 레스토랑 방문 이벤트 등 새로운 비즈니스 모델이 본격적으로 등장할 것으로 예상된다.

기후 위기와 환경 문제에 대한 인식이 높아지면서, 지속 가능한 식품 생산과 소비에 초점을 맞춘 브랜드들도 점차 주목받고 있다. 도시 농업, 로컬 푸드 네트워크, 음식물 쓰레기 저감 이니셔티브 등 지속 가능한 푸드 시스템을 구축하는 브랜드들은 소비자들의 직접적인 참여를 이끌어 자발적인 커뮤니티를 형성한다.

푸드 산업에서 슈퍼팬을 육성하기 위해서는 맛있는 음식뿐만 아니라 독특한 브랜드 스토리와 참여형 커뮤니티, 차별화된 경험, 가치 공유, 첨단 기술 및 엔터테인먼트 요소의 조화로운 활용 등이 필요하다. 특히 한국의 역동적인 푸드 시장에서는 로컬 푸드 문화의 특수성을 이해하고, MZ 세대의 가치 소비 트렌드를 반영하며, 디지털 기술과 전통을 창의적으로 융합하는 브랜드들이 더욱 강력한 팬덤을 구축할 수 있을 것으로 보인다.

뷰티 산업,
감성과 테크놀로지의 결합

현대 뷰티 산업은 그 어느 때보다 치열한 경쟁 환경에 직면해 있다. 전 세계 화장품 시장 규모는 지속적으로 성장하고 있으며, 이와 함께 브랜드 간의 경쟁도 날로 심화되고 있다. 이러한 환경에서 단순한 일회성 구매자를 넘어서는 '슈퍼팬'의 확보는 브랜드의 생존과 성장을 결정하는 핵심 요소로 부상했다.

뷰티 산업에서 슈퍼팬 전략이 중요한 이유는 다음과 같다. 첫째, 뷰티 제품의 특성상 개인의 취향과 피부 특성이 구매 결정에 미치는 영향이 크기 때문에, 브랜드에 대한 신뢰와 애착이 형성되면 장기적인 충성도로 이어질 가능성이 크다. 둘째, 뷰티 제품은 타인에게 보이는 외적 변화와 직결되어 있어 사용자들이 자신의 경험을 소셜미디어를 통해 적극적으로 공유하는 경향이 강하다. 이는 슈퍼팬들의 자발적 홍보 효과를 극대화할 수 있는 환경을 제공한다. 셋째, 뷰티 산업은 트렌드의 변화가 매우 빠르고 소비자의 니즈가 세분화되고 있어, 브랜드가 시장의 변화를 빠르게 감지하고 대응하기 위해서는 충성도 높은 고객층의 지속적인 피드백이 필수적이다. 넷째, 뷰티 제품의 경우 구매 전 체험과 추천이 구매 결정에 미치는 영향이 크기 때문에, 슈퍼팬들의 리뷰와 추천은 신규 고객 획득에 매우 효과적인 수단이 된다. 마지막으로, 디지털 시대에 진입하면서 소비자들은 단순한 제품 구매를 넘어 브랜드와의 감정적 연결과 가치 공유를 추구하고 있다. 특히 MZ 세대를 중심으로 가치 소비와 개인화된 경험에 대한 니즈가 증가하고 있어, 이들의 기대를 충족시키고 슈퍼팬으로 전환시키는 것이 브랜드의 미래 성장을 위한 필수 조건이 되었다.

AI 기반 개인화 서비스로 맞춤형 경험 구현

뷰티 산업에서도 AI와 빅데이터를 활용한 개인화 서비스가 슈퍼팬 확보를 위해 가장 효과적인 전략 중 하나로 자리 잡고 있다. 기술의 발전은 브랜드들이 고객 개개인의 특성과 니즈를 정확히 파악하고, 이에 맞는 맞춤형 솔루션을 제공할 수 있는 환경을 조성했다.

아모레퍼시픽의 AIBC(AI Beauty Consultant) 서비스는 이러한 개인화 전략의 대표적인 사례다. 2025년 출시된 이 서비스는 GPT-4o 등 최신 언어 모델을 활용해 고객과 실시간으로 대화하며 피부 상태와 고민을 깊이 있게 파악한다. 이 시스템은 고객의 구매 이력, 제품

리뷰, 피부 진단 결과 등을 종합적으로 분석하여 개인에게 최적화된 스킨케어 루틴을 제안한다.

AIBC 서비스의 개발 배경에는 아모레퍼시픽의 오랜 데이터 축적이 있다. 아모레몰 피부 진단 서비스는 온라인과 오프라인에서 누적 250만 회 이상 사용되어왔으며, 이를 통해 수집된 방대한 데이터가 AI 모델 훈련의 기초가 되었다. 특히 흥미로운 점은 온라인 플랫폼에서 자가 진단을 받은 고객보다 매장에서 직원과 함께 진단을 받은 고객의 실제 구매 전환율이 훨씬 높다는 분석 결과였다. 이러한 인사이트는 AIBC가 단순한 진단 도구를 넘어 오프라인 매장의 상담 경험을 온라인으로 자연스럽게 옮겨오는 방향으로 설계되는 데 중요한 영향을 미쳤다.

'특별한 피부'라는 뜻을 담은 랑콤의 'Le Teint Particulier' 서비스는 맞춤형 제품 제작이라는 또 다른 차원의 개인화를 제공한다. 2015년 미국 노드스트롬 백화점 시애틀점과 델 아모점에서 처음 도입된 이 서비스는 피부톤 측정 기기를 통해 고객의 이마, 볼, 목을 정밀하게 스캔한 후, 72,000 가지 조합 중에서 개인에게 최적화된 파운데이션을 20분 내에 현장에서 제작한다. 이 과정에서 고객은 커버력과 수분 함량까지 자신의 선호에 맞게 조정할 수 있어, 말 그대로 '세상에 하나뿐인' 제품을 얻게 된다.

이러한 개인화 서비스가 슈퍼팬 확보에 효과적인 이유는 고객에게 '특별함'을 제공하기 때문이다. 자신만을 위해 분석되고 제작된 제품을 사용하는 경험은 브랜드에 대한 강한 애착과 신뢰를 형성한다. 이러한 서비스를 받은 고객들은 자신의 특별한 경험을 주변에 공유하려는 강한 동기를 갖게 되어, 자연스러운 브랜드 홍보 효과까지 창출한다.

브랜드 아이덴티티와 스토리텔링으로 감성적 연결

개인화된 기술 서비스와 함께 뷰티 브랜드들이 슈퍼팬 확보를 위해 주력하고 있는 또 다른 영역은 강력한 브랜드 아이덴티티와 스토리텔링이다. 소비자들이 단순한 기능적 만족을 넘어 브랜드의 가치와 철학에 공감할 때 진정한 슈퍼팬으로 전환될 수 있기 때문이다.

설화수는 이러한 브랜드 스토리텔링의 성공적인 사례로 꼽힌다. 아모레퍼시픽의 대표 프리미엄 브랜드인 설화수는 한국 전통 한방 성분을 현대적으로 재해석하여 글로벌 럭셔리 브랜드로 자리 잡았다. 인삼 추출물을 주요 성분으로 하는 자음생크림(60ml, 25만원)은 브랜드의 대표 제품으로, '조화와 균형'이라는 동양적 철학을 제품에 구현한 사례다.

설화수의 성공 요인은 단순히 한방 성분을 사용했다는 점이 아니라, 3,000여 가지의 한방 성분을 연구하고 그중 163가지를 원료화하여 전문가의 자문을 통해 자음단이라는 핵심 성분을 개발했다는 과학적 접근에 있다. 이는 전통과 현대 기술의 조화라는 브랜드 메시지를 제품 자체로 구현한 것이다. 또한, 설화수는 제품의 용기 디자인부터 매장 인테리어까지 모든 접점에서 일관된 한국적 미학을 구현하여 브랜드 경험의 통일성을 유지하고 있다.

이니스프리는 자연주의라는 브랜드 아이덴티티를 제주도라는 구체적인 공간과 연결시켜 차별화된 스토리텔링을 구축했다. 단순히 '자연 성분 사용'이라는 추상적인 메시지를 넘어, 제주도의 청정 자연환경, 지속 가능한 농법으로 재배된 원료, 그리고 환경 보호라는 구체적인 가치를 브랜드 서사에 담아 전달하고 있다. '제주 그린티 씨드' 라인은 이러한 브랜드 철학이 집약된 대표 제품군으로, 제품 사용이 곧 환경 보호에 동참하는 것이라는 메시지를 통해 가치 소비를 지향하는 소비자들에게 어필을 하고 있다.

이러한 브랜드 스토리텔링이 효과적인 이유는 소비자들이 제품 구매를 통해 자신의 정체성과 가치관을 표현하고자 하는 욕구가 증가하고 있기 때문이다. 특히 MZ세대는 브랜드의 사회적 책임과 가치관을 중요하게 고려하는 경향이 강해, 이들에게 어필할 수 있는 명확하고 일관된 브랜드 메시지가 슈퍼팬 확보의 핵심 요소가 되고 있다.

가상에서 현실까지, 인플루언서 마케팅의 진화

뷰티 산업에서 인플루언서는 이미 필수적인 마케팅 전략으로 자리 잡았다. 그러나 슈퍼팬 확보를 위해서는 보다 전략적이고 차별화된 접근이 요구된다. 특히 주목할 만한 변화는 가상 인플루언서의 등장과 K-팝과의 전략적 협업이다.

릴 미켈라(Lil Miquela)는 가상 인플루언서 마케팅의 대표적인 성공 사례다. 미국 스타트업 브랜드(Brud)가 개발한 CGI 아바타인 릴 미켈라는 인스타그램에서 250만 명 이상의 팔로워를 보유하고 있으며, 연간 130억원의 수익을 올리고 있다. 2018년 타임지가 선정한 '온라인상에서 가장 영향력 있는 25인'에 포함될 정도로 그 영향력을 인정받았다.

릴 미켈라의 성공 요인은 기술적 완성도가 높다는 점만이 아니다. 그녀는 성 소수자 인권, 흑인의 권리 등 사회적 이슈에 적극적인 목소리를 내며, Z세대가 중요하게 생각하는 가치관을 반영하고 있다. 실제로 그녀의 팔로워 중 83%가 24세 이하 Z세대로 구성되어 있어, 이 세대와의 효과적인 소통 채널 역할을 하고 있다. 프라다, 샤넬 등 고급 브랜드들이 릴 미켈라와 협업하는 이유는 이러한 세대별 타겟팅 효과와 함께, 가상 인플루언서가 갖는 리스크 없음, 시공간 제약 없음 등의 실용적 장점 때문이다.

한국 뷰티 시장에서는 K-팝과의 협업이 특히 주목받고 있다. 설화수는 '블랙핑크'의 로제, 헤라는 제니를 브랜드 모델로 기용하여 폭발적인 반응을 얻었다. 이는 단순한 모델 기용을 넘어 시그니처 메이크업을 재현할 수 있는 제품을 개발하여, K-팝 팬들을 뷰티 브랜드의 슈퍼팬으로 전환시키려는 시도다.

이러한 전략적 인플루언서 협업이 효과적인 이유는 기존 팬덤의 충성도와 열정을 브랜드로 전이시킬 수 있기 때문이다. K-팝 팬들의 높은 충성도와 적극적인 소셜미디어 활동은 브랜드에게 매우 가치 있는 자산이 되며, 이들이 브랜드의 슈퍼팬으로 전환될 경우, 지속적이고 강력한 홍보 효과를 기대할 수 있다.

오프라인 체험 공간의 디지털 혁신

디지털 시대임에도 불구하고 뷰티 제품의 특성상 오프라인 체험의 중요성은 여전하다. 하지만 현대의 뷰티 매장들은 단순한 제품 진열 공간을 넘어 첨단 기술이 융합된 체험 공간으로 진화하고 있다. 이러한 혁신적인 오프라인 경험은 고객들에게 강한 인상을 남겨 브랜드에 대한 애착을 형성한다.

세포라(Sephora)는 매장에 버추얼 아티스트(Virtual Artist) 기술을 도입하여 혁신적인 체험을 제공하고 있다. AI 안면 인식 기술이 적용된 스마트 미러는 고객의 얼굴 윤곽과 피부 톤을 정밀하게 인식하여 수백 가지 메이크업 제품의 실제 발색을 시뮬레이션한다. 고객은 실제로 제품을 발라보지 않고도 다양한 메이크업 룩을 체험할 수 있으며, 마음에 드는 룩을 소셜미디어에 즉시 공유하거나 장바구니에 저장할 수 있다.

이러한 디지털 융합 매장의 효과는 단순히 편의성 제공에 그치지 않는다. 고객들은 이러한 혁신적인 경험 자체를 소셜미디어에 공유하고 싶어하며, 이는 자연스러운 브랜드 홍보로 이어진다. 또한, 기술을 통해 제공되는 정확하고 전문적인 추천은 고객의 브랜드에 대한 신뢰도를 높이고, 지속적인 방문과 구매를 유도한다.

데이터 기반 글로벌 전략과 현지화

글로벌 뷰티 시장에서 성공하기 위해서는 각 지역의 문화적 특성과 소비자 니즈를 정확히 파악하고 이에 맞는 전략을 수립하는 것이 필수적이다. 현대의 뷰티 브랜드들은 AI와 빅데이터를 활용하여 이러한 현지화 전략을 보다 정교하게 실행하고 있다.

아모레퍼시픽은 데이터 기반 글로벌 전략의 모범 사례를 보여주고 있다. 회사는 2년간의 대규모 프로젝트를 통해 기존 클라우드 네이티브 데이터 플랫폼을 스노우플레이크로 이전했다. 이를 통해 데이터 처리 성능을 65% 향상시키고 운영 비용을 40% 절감하는 동시에, 30개 이상의 브랜드에 대한 마케팅 성과를 실시간으로 모니터링할 수 있는 시스템을 구축했다. 이러한 데이터 인프라는 글로벌 시장에서의 빠른 의사결정과 효과적인 마케팅 전략 수립을 가능하게 한다.

로레알은 'AI 트렌드 스캐너'를 개발하여 전 세계 소셜미디어 데이터와 검색 트렌드를 실시간으로 분석하고 있다. 이 시스템은 지역별로 부상하는 뷰티 트렌드, 인기 성분, 선호하는 제형 등의 정보를 추출하여 각 시장에 최적화된 제품 기획에 활용된다. 예를 들어, 동남아시아에서는 미백과 자외선 차단 기능에 대한 니즈가 높은 반면, 유럽에서는 항산화와 안티에이징 성분에 대한 수요가 높다는 분석 결과를 바탕으로 지역별 맞춤형 제품 라인업을 구성하고 있다.

한국 뷰티 브랜드들도 데이터를 기반으로 한 글로벌 전략을 적극적으로 추진하고 있다. AHC는 중국과 동남아시아 등 주요 시장에 특화된 'AI 스킨 솔루션' 앱을 출시하여 현지 언어로 서비스하며, 사용자의 피부 사진을 분석해 기후와 환경 조건을 고려한 맞춤형 스킨케어 루틴을 제안하고 있다. 이러한 현지화 전략은 각 지역 고객들에게 '나를 위한 맞춤 서비스'라는 인상을 주어 브랜드에 대한 애착을 형성하는 데 효과적이다.

한국 뷰티 산업의 독특한 경쟁 우위

한국 뷰티 산업이 글로벌 시장에서 주목받는 이유 중 하나는 한국인의 피부 특성에 대한 깊이 있는 연구와 이를 바탕으로 한 제품 개발 역량이다. 한국 여성 피부톤에 대한 연구 결과에 따르면, 전체의 43%가 일반적인 파운데이션 23호에 해당하며, 90%가 웜톤 계열의 피부색을 가지고 있다. 이러한 데이터는 한국 소비자를 위한 맞춤형 제품 개발뿐만 아니라, 유사한 피부 특성을 가진 아시아 시장 전체를 타겟으로 한 제품 기획에도 중요한 기초 자료로 활용되고 있다.

한국 뷰티 산업은 K-팝과 K-드라마로 대표되는 한류 콘텐츠와의 시너지를 통해 독특한 경쟁 우위를 확보하고 있다. 한류 스타들의 메이크업과 스킨케어 루틴에 대한 전 세계적 관심은 한국 뷰티 제품에 대한 자연스러운 호기심과 구매 욕구로 이어지고 있다. 이는 다른 국가의 뷰티 브랜드들이 쉽게 모방할 수 없는 한국만의 독특한 자산이다. 첨단 IT 기술력도 뷰티 산업의 혁신을 이끄는 중요한 요소다. 세계 최고 수준의 인터넷 인프라와 모바일 기술 그리고 AI 기술에 대한 높은 수용도는 한국 뷰티 브랜드들이 디지털 혁신을 선도할 수 있는 환경을 제공한다.

슈퍼팬 전략의 미래와 지속 가능한 성장

뷰티 산업에서 슈퍼팬 전략의 성공은 기술과 감성, 글로벌과 로컬, 개인화와 공동체의 완벽한 균형에서 나온다. 아모레퍼시픽의 AIBC 서비스가 보여주듯이, 최첨단 AI 기술을 활용한 개인화 서비스는 고객에게 '나만을 위한 특별한 경험'을 제공하는데, 이는 브랜드에 대한 강한 애착과 신뢰로 이어진다. 동시에 설화수나 이니스프리 같은 브랜드들의 깊이 있는 스토리텔링은 가치 공유를 통해 고객과의 감정적 연결을 구축한다.

랑콤의 'Le Teint Particulier' 서비스처럼 72,000 가지 조합에서 개인에게 최적화된 제품을 제작하는 맞춤화 기술이나, 릴 미켈라와 같은 가상 인플루언서의 등장은 뷰티 산업이 어떻게 기술 혁신을 통해 새로운 고객 경험을 창조하고 있는지를 보여준다. 이러한 혁신들은 제품의 기능적 우수성을 넘어 고객이 브랜드와 상호작용하는 방식 자체를 변화시키고 있다.

특히 한국 뷰티 산업은 K-팝과의 시너지, 첨단 IT 기술력, 전통적 가치의 현대적 재해석이라는 독특한 조합을 통해 글로벌 슈퍼팬 확보에 나서고 있다. 설화수와 로제, 헤라와 제니의 협업이나 아모레퍼시픽의 데이터 플랫폼 혁신 사례는 이러한 한국적 특성이 어떻게 글로벌 경쟁력으로 전환될 수 있는지를 잘 보여준다.

앞으로 뷰티 산업의 슈퍼팬 전략은 더욱 정교한 개인화와 더욱 깊이 있는 감성적 연결로 진화할 것으로 보인다. 데이터 기반의 개인화 기술은 고객의 피부 상태, 라이프스타일, 선호도를 실시간으로 분석하여 순간순간 최적화된 제품과 서비스를 제공할 수 있는 수준까지 발전할 것이다. 동시에 브랜드 스토리텔링은 단순한 제품 홍보를 넘어 고객의 정체성과 가치관을 반영하고 강화하는 방향으로 발전할 것이다.

하지만 이러한 모든 기술적 혁신과 전략적 접근의 궁극적 목표는 기술 자체가 아닌, 기술을 매개로 한 더 깊고 의미 있는 인간적 연결의 구현에 있다. 세포라의 버추얼 아티스트가 성공할 수 있는 이유는 단순히 기술이 뛰어나서가 아니라, 그 기술이 고객에게 더 나은 서비스와 경험을 제공하기 때문이다.

결국 뷰티 산업에서 진정한 슈퍼팬은 브랜드의 제품을 사용하는 것을 넘어 그 브랜드의 가치와 철학을 자신의 삶에 통합하고, 다른 사람들과 그 가치를 공유하고자 하는 사람들이다. 데이터가 제공하는 정확성과 개인화, 브랜드 스토리가 전달하는 감성적 가치가 완벽하게 결합될 때, 진정한 슈퍼팬이 탄생하고 브랜드의 지속가능한 성장이 가능해진다.

미래의 뷰티 브랜드들은 단순한 제품 제조업체나 판매업체가 아니라 고객의 라이프스타일과 정체성을 함께 만들어가는 파트너로 자리 잡아야 한다. 이를 위해서는 지속적인 기술 혁신과 함께 브랜드의 본질적 가치에 대한 깊이 있는 고민이 병행되어야 하며, 무엇보다 고객과의 진정성 있는 소통과 상호작용이 모든 전략의 중심에 있어야 한다.

교육,
학습자 중심의 슈퍼팬 전략

교육은 학습자 스스로 '내가 성장하고 있다'는 실감과 즐거움을 느낄 때 팬덤이 형성되는 영역이다. 따라서 온라인 강의 플랫폼, 오프라인 학원 등은 '콘텐츠의 질'과 '강사진의 명성'에만 의존해서는 안 되며, 학습자 스스로 교육 프로그램에 참여하고 성취를 체감할 수 있는 구조를 마련해야 한다.

맞춤형 학습 경로와 퍼스널 브랜딩

AI 기반의 맞춤형 학습 경로는 오늘날 교육 플랫폼이 학습자에게 제공할 수 있는 가장 강력한 성장 도구다. 수준 진단을 통해 학습자의 현재 실력과 공부 스타일을 파악한 후, AI 추천 알고리즘이 학습자에게 적합한 과목과 단계, 콘텐츠 형식을 자동으로 큐레이션한다. 예컨대, 영어 교육 플랫폼에서 문법, 독해, 리스닝, 스피킹 각 항목에 대한 진단 결과를 바탕으로 개개인에게 최적화된 학습 커리큘럼이 제안하는 방식이다.

이 같은 시스템은 학습 진단뿐만 아니라 실시간 피드백, 학습 데이터의 시각화 등을 활용해, 학습자가 어떤 유형의 문제를 자주 틀리는지, 얼마나 집중하며 공부하고 있는지를 스스로 인지할 수 있게 해준다. 시각화한 자료는 학습자가 지금 어느 위치에 있고, 얼마나 발전을 이루었는지를 한눈에 보여준다. 투명하고 정교한 데이터 기반 피드백으로 학습자에게 '이 플랫폼은 나의 성장을 진심으로 돕고 있다'는 신뢰를 심어주고, 궁극적으로 열성적인 슈퍼팬이 되는 토대를 마련한다.

AI 기술을 활용한 맞춤형 멘토링 프로그램은 학습자의 진로와 관심사에 맞추어 인적 연결을 해준다. 대학생, 직장인, 업계 전문가 등으로 구성된 멘토 풀에서 학습자의 목표와 분야에 따라 최적의 멘토를 자동으로 매칭하는 식이다. IT 분야에 진출하고자 하는 이에게는 개발자나 엔지니어, 디자인 분야에 관심이 있는 이에게는 현업 디자이너가 연결된다. 초기에는 기초 개념을 다지는 1:1 튜터링으로 시작하고, 이후에는 그룹 멘토링을 통해 다양한 배경의 학습자들이 함께 정보를 교류하고 협력적으로 성장하는 구조로 확장된다.

교육 플랫폼이 학습자에게 퍼스널 브랜딩의 기회를 제공할 때, 플랫폼은 단순한 학습 공간을 넘어 커리어 성장의 무대가 된다. 특정 분야에서 두각을 나타낸 학습자는 해당 분야의 '스타 학습자'로 브랜딩되어, 공식 홈페이지나 SNS 채널을 통해 졸업생 인터뷰 또는 실전 프로젝트 포트폴리오로 소개된다. 그러면 해당 학습자는 플랫폼 안에서 하나의 '콘텐츠'가 되어 자신이 이룬 성과를 외부에 자신 있게 드러낼 수 있다.

커뮤니티를 통한 교류와 협업

교육은 혼자만의 여정일 수도 있지만, 커뮤니티와의 교류와 협업을 통해 학습의 몰입도와 지속성을 현저히 높일 수 있다.

이를 가능케 하는 첫 번째 방식은 주제와 난이도 기반으로 자동 구성되는 온라인 스터디 그룹의 도입이다. 예를 들어, 빅데이터 강의를 수강 중인 학습자들이 서로 매칭되어 프로젝트를 함께 수행하거나 과제 풀이를 공유하도록 유도하는 것이다. 필요에 따라 멘토가 조언자 또는 조율자로 개입함으로써 그룹 활동의 질을 높이고 방향성을 분명히 할 수 있다.

이러한 협업을 보다 생산적으로 만들기 위해서는, 그룹 내 자료를 자유롭게 공유할 수 있는 라이브러리 시스템이 함께 마련되어야 한다. 학습자들이 직접 작성한 노트, 요약본, 학습 자료 등을 자유롭게 업로드하고 다운로드할 수 있도록 하고, AI 기술이 유사 주제의 문서를 자동 분류하거나 핵심 키워드로 정리해 제공하면, 집단 지성의 흐름이 더욱 원활해진다.

여기에 더해, 리더보드를 통해 개인별 혹은 그룹별 점수를 시각화하면 건강한 경쟁심이 자극된다. 동시에, 중간 단계에서 협력형 과제를 부여하여 그룹 간 공동 미션을 수행하게 하는 방식은 경쟁과 협력을 적절히 결합시킨 전략으로, 학습의 지속성을 한층 끌어올릴 수 있다.

이처럼 경쟁과 협력의 리듬을 적절히 조율하면, 학습자들이 지치지 않고 꾸준히 참여하여 서로의 성장을 자극하는 선순환적 동반자가 된다. 커뮤니티 기반 학습 환경은 개인의 학습 동기를 공동체의 동력으로 전환시키며, 교육 플랫폼을 지식 소비의 장에서 '공동 성장의 생태계'로 진화시킨다.

'강사 중심'에서 '학습자 중심'으로

교육 플랫폼은 점차 '강사 중심' 구조에서 '학습자 중심' 구조로 전환되고 있다. 이 변화의 핵심은 학습자가 콘텐츠 소비자에 머무르지 않고, 스스로 콘텐츠를 재생산하는 주체로 참여하는 데 있다.

이를 위한 대표적인 방식 중 하나는, 학습자가 직접 문제를 출제하고 다른 학습자들과 공유하는 사용자 제작 '문제은행 시스템'의 도입이다. 예를 들어, 학습자가 특정 개념을 학습한 후 자신만의 방식으로 문제를 만들어 올리면, 동료 학습자들이 그가 제시한 문제를 풀고 피드백을 주고받는 과정에서 자연스럽게 '서로 가르치고 배우는' 학습 생태계가 형성된다. AI는 문제의 난이도, 정답률, 주제 태그 등을 분석해 품질 높은 콘텐츠를 선별하고 추천 순위 상단에 노출함으로써, 유용한 문제들이 더욱 활발히 유통되도록 한다. 별점과 댓글 기능은 문제의 완성도를 높이는 데 기여하며, 학습자의 적극적인 참여를 이끈다.

학습자가 강의를 듣고 난 뒤 개념을 정리한 영상을 스스로 제작하여 커뮤니티에 공유하도록 유도하는 방법도 효과적이다. 이를 위해 플랫폼 내에 간단한 영상 편집 툴이나 화면 캡처, 녹화 기능을 제공하면, 누구나 손쉽게 '내가 이해한 내용을 설명하는 콘텐츠'를 제작할 수 있다. 이처럼 타인에게 설명하는 행위는 학습자 자신의 이해도를 깊게 하고, 동시에 플랫폼에 대한 충성도를 높여준다.

AR/VR 기술을 활용한 몰입형 학습 공간인 '메타버스 교실'은 기존 온라인 강의와는 차별화된 몰입감을 제공한다. 예를 들어, 3D 가상 캠퍼스에서 아바타를 사용해 강의에 참석하거나 발표와 토론을 진행할 수 있으며, 프로그래밍 과목에서는 시각적 인터페이스를 통해 코드 모듈을 조작하고, 화학 과목에서는 가상 실험실에서 안전하게 실험을 수행할 수 있다.

이와 함께 스토리텔링이 가미된 가상 세계관 속에서 프로젝트 기반 문제 해결형 학습을 도입하면, 학생들은 마치 게임을 하듯 자연스럽게 몰입할 수 있다. 학습 공간은 단순히 강의를 듣는 장소가 아니라, 하나의 세계 안에서 역할을 수행하고 지식을 체득하는 무대로 진화하며, 그에 따른 학습 만족도와 슈퍼팬으로의 전환 가능성이 기하급수적으로 높아질 수 있다.

알럼나이 커뮤니티와 성과 공유

교육의 성과는 단기간에 측정하기 어렵다. 시간이 흐르고 학습자의 삶과 커리어에 실질적인 변화가 일어날 때, 비로소 그 가치가 명확히 드러난다. 졸업생이나 수료생들이 지속적으로 교류하며 동기부여를 이어가도록 지원하는 알럼나이(Alumni) 커뮤니티는 교육 플랫폼의 장기적 성과를 증명하고, 슈퍼팬 문화를 확산시키는 중요한 역할을 한다.

졸업생 간 네트워킹과 멘토링 프로그램은 매우 실질적이고 효과적이다. 이미 취업에 성공했거나 대학원에 진학한 선배 수료생이 후배 학습자에게 커리어와 진학에 대한 실질적인 조언을 제공함으로써, 실전적인 지식과 경험이 공유된다. 이러한 활동은 정기적인 세미나나 비공개 온라인 커뮤니티를 통해 운영될 수 있으며, 그 안에서 서로의 길을 응원하고 연결하는 단단한 네트워크가 형성된다. 후배 학습자들은 '이 플랫폼을 통해 입학하고, 배움을 완수하고, 이제는 멘토로 활약하는 선배들'을 보며 긍정적인 역할 모델을 발견하고, 플랫폼에 대한 신뢰와 충성도를 자연스럽게 높이게 된다.

그뿐만 아니라 오프라인 모임과 컨퍼런스를 통해 졸업생들의 유대를 강화하고, 성과를 공유할 수 있는 장을 마련하는 일도 필요하다. 매년 혹은 분기별로 '4차 산업혁명' '데이터 사이언스' '창업' 등 시대의 흐름에 맞는 테마를 설정하여 동문 컨퍼런스를 개최하고, 현장 참석이 어려운 동문들을 위해 실시간 스트리밍을 병행하면 접근성과 참여도를 함께 높일 수 있다.

AI·메타버스 등 엔터테크 활용

AI와 메타버스 등 첨단 엔터테크는 교육 분야에서도 슈퍼팬 형성의 핵심 동력으로 작용한다. 앞서 각 전략에서도 부분적으로 언급되었듯, 이러한 기술의 적극적인 활용은 학습자에게 차별화된 경험을 제공함으로써 플랫폼에 대한 충성도를 높인다.

예를 들어, 학습자가 궁금한 점을 플랫폼에 입력하면 자연어 처리 기반의 AI 튜터와 AI 조교 시스템이 즉각적인 답변을 제공하거나, 적절한 자료와 영상 링크를 제시하는 방식이 가능하다. 어려운 문제를 풀 때, 관련 공식이나 개념을 AI가 자동으로 안내함으로써 학습의 흐름을 끊지 않고 효율을 극대화할 수도 있다.

실험과 시뮬레이션이 필요한 교육 분야에서는 AR·VR 기반 실습 교육이 새로운 돌파구를 제시한다. 물리·화학 실험, 건축 디자인, 엔지니어링, 간호·의학 실습 등 현실에서 위험 부담이 크거나 높은 장비가 필요한 학습 내용을 VR 환경에서 안전하고 몰입감 있게 체험할 수 있다. 이는 곧 '이 플랫폼에서만 가능한 독보적인 학습 경험'으로 이어지며, 학습자에게 강한 정서적 인상을 남긴다.

'나를 진심으로 성장시키는 플랫폼'이 되는 길

교육 산업에서 슈퍼팬을 만드는 핵심은 학습자 스스로 변화하고 성장하고 있다는 희망과 확신을 느끼도록 만들어주는 데 있다. 이러한 내면의 확신은 곧 플랫폼에 대한 강력한 충성심으로 이어지며,

교육부 메타버스 교실 소개 페이지
(출처: 교육부 공식 블로그)

그 결과 브랜드의 지속 가능한 팬덤이 형성된다. 이를 위해 플랫폼이 반드시 놓치지 말아야 할 네 가지 핵심 키워드는 다음과 같다.

첫째, '개인화'다. AI 기반의 진단과 추천을 통해 학습자의 현재 수준, 목표, 선호 스타일에 정밀하게 맞춘 콘텐츠를 제공해야 한다.

둘째, '참여'다. 학습자는 콘텐츠의 소비자에 머무르지 않는다. 스터디 그룹, 커뮤니티, 사용자 생성 콘텐츠 시스템을 통해 학습자 스스로 지식을 재생산하고 공유할 수 있도록 유도함으로써, '함께 만들어가는 플랫폼'이라는 감각을 제공해야 한다.

셋째, '몰입'이다. 메타버스 교실, AR/VR 기반 실습, 게임화된 미션 등 엔터테인먼트 테크놀로지를 접목한 몰입형 경험은 학습을 일상의 의무에서 즐거운 탐험으로 전환시킨다. 이러한 경험은 학습자의 집중력은 물론, 감정적 유대를 형성하는 데도 크게 기여한다.

넷째, '연결'이다. 학습은 수강에서 끝나지 않는다. 알럼나이 커뮤니티, 커리어 멘토링, 실전 프로젝트 연계 등 생애 주기 전체를 아우르는 네트워크와 성과 공유 시스템으로 플랫폼이 단기적인 서비스에 그치지 않는다고 인식하게 해야 한다.

이상의 네 가지 요소가 유기적으로 작동할 때, 학습자는 플랫폼을 '인생을 바꿔줄 장기적인 파트너'로 인식하게 된다. 그리고 그 순간, 진정한 슈퍼팬이 탄생한다.

엔터테인먼트, 몰입·참여·창작의 선순환

엔터테인먼트 산업은 음악, 드라마, 영화, 애니메이션, 게임 등 다양한 장르를 포괄하는 산업으로, 그 규모나 문화적 영향력이 실로 막대하다. 산업의 규모와 영향력이 커지면서 콘텐츠가 넘쳐나게 되었고, 그로 인해 충성도 높은 슈퍼팬을 양성하는 일은 점점 더 어려워지고 있다.

   단발성 흥행에 그치지 않고, IP의 가치를 장기적으로 극대화하려면 몰입, 참여, 창작이 유기적으로 순환되는 구조가 필요하다. 특히 AI, AR/VR, NFT, 블록체인 등 첨단 기술이 빠르게 발전하면서 이러한 선순환을 가속화할 수 있는 수단들이 다채롭게 등장하고 있다. 이를 기반으로 슈퍼팬을 육성하는 전략을 살펴보고, 각 전략이 디지털 기술과 어떻게 접목될 수 있는지 알아보자.

세계관·콘텐츠의 확장으로 '경험의 깊이' 제공

첫 번째 전략은 바로 스토리텔링과 IP 세계관을 통해 경험의 깊이를 제공하는 것이다. 엔터테인먼트 산업에서 팬덤의 형성과 지속을 이끄는 결정적 요인은 몰입도 높은 세계관과 탄탄하게 설계된 내러티브다. 장르를 불문하고 팬들이 "이 이야기를 더 알고 싶다" "이 캐릭터의 숨겨진 과거는 무엇일까"라는 궁금증을 품게 될 때, 비로소 장기적인 팬덤의 기반이 형성된다.

몰입감을 강화하는 방법으로는 스핀오프와 확장 콘텐츠, 멀티 플랫폼 콜래보레이션이 있다. 메이킹 필름, 비하인드 영상, 배우와 스태프 인터뷰, OST 라이브 영상 등 다양한 부가 콘텐츠를 지속적으로 제공함으로써, 원작에 대한 감정적 몰입을 다층적으로 확장할 수 있다. 동시에 유튜브, 소셜미디어, 팟캐스트, 웹툰, 웹소설 등 다양한 채널을 활용해 세계관을 다각도로 확장하면, 팬들은 다양한 포맷으로 이야기의 외연을 경험하며 지속적인 관심을 유지하게 된다. 예를 들어, 드라마 세계관의 사이드 스토리를 웹소설로 풀어내거나, 인기 캐릭터의 전사를 웹툰으로 구성하면 2차 소비를 유도하며 팬덤의 열기를 유지할 수 있다.

최근 들어 메타버스 공간으로의 세계관 이식이 각광받고 있다. 메타버스 플랫폼을 통해 작품 속 배경이나 촬영지를 가상 공간에 재현하고, 팬들이 아바타를 통해 세계관 속을 탐험하게 만드는 것이다. 팬은 단순한 관람자가 아닌 능동적 참여자가 되어, 캐릭터와 상호작용하거나 미션을 수행하며 이야기에 더욱 깊이 관여하게 된다. 이러한 디지털 기반의 몰입 경험은 소비에서 참여와 창작으로 확장되는 슈퍼팬 전략의 출발점이 된다.

라이브 이벤트와 커뮤니티 기반의 실시간 소통

엔터테인먼트 산업에서 팬과의 긴밀한 연결을 형성하는 전략으로는 라이브 이벤트와 커뮤니티 기반의 실시간 소통이 있다. 특히 콘서트, 팬미팅, 쇼케이스와 같은 오프라인 이벤트는 엔터테인먼트 경험의 정점으로 여겨진다. 여기에 라이브 스트리밍 기술을 접목하면, 오프라인 현장에 직접 참석하지 못하는 팬들에게도 생생한 몰입감을 제공할 수 있다.

멀티앵글 카메라, 초저지연(Ultra-Low Latency) 채팅, 실시간 투표와 같은 양방향 인터랙션 기능은 팬들을 직접적인 참여자로 느끼도록 만든다. 여기에 더해 AI 기반 음원 분리나 음성 인식 기술을 활용하면, 공연 도중 팬 요청에 따라 즉석에서 곡을 리믹스하거나 가상 피처링을 삽입하는 등 이전에 없던 새로운 형태의 참여형 라이브를 구현할 수 있다.

실시간 팬 소통은 커뮤니티를 중심으로 한 꾸준한 접촉을 통해 더욱 강화할 수 있다. SNS, 유튜브, 전용 팬 플랫폼 등에서 진행되는 라이브 토크나 Q&A는 아티스트와 팬 사이의 거리를 실질적으로 좁힌다. 특히 AR/VR 기술을 활용한 버추얼 팬미팅은 팬들이 아바타 형태로 아티스트와 마주하는 듯한 경험을 제공하여 전 세계 어디서든 참여할 수 있는 글로벌 커뮤니티의 결속력을 높인다.

이러한 실시간 소통에서 축적되는 데이터 역시 매우 중요하다. 채팅, 댓글, 커뮤니티 게시글 등에서 나타나는 팬들의 반응을 AI가 분석하면, 어떤 장면이나 캐릭터에 열광하는지, 어떤 굿즈와 이벤트에 대한 수요가 높은지 세밀하게 파악할 수 있다. 이를 바탕으로 향후 이벤트 기획, 굿즈 출시 시점, 후속 콘텐츠 방향을 맞춤화하면, 팬들은 "내 의견이 브랜드에 반영되고 있다"라는 만족감을 느끼게 되고, 이는 곧 슈퍼팬으로의 전환을 유도한다. 실시간 소통이 이뤄지는 모든 접점은 단순한 서비스 제공을 넘어 팬과 브랜드가 함께 콘텐츠를 만들어가는 플랫폼으로 진화해야 하며, 이러한 접근은 팬덤의 응집력과 지속 가능성을 높인다.

팬이 제작하는 창작 콘텐츠 지원

엔터테인먼트 산업에서 팬덤은 소비의 주체에서 점차 창작의 주체로 진화하고 있다. 특히 슈퍼팬들은 팬아트, 패러디 영상, 팬픽션 등 2차·3차 창작 활동을 통해 스스로 콘텐츠의 일부가 되기를 원한다. 이러한 열정을 제대로 수용하기 위해서는 팬이 직접 제작한 콘텐츠를 플랫폼 내에서 자유롭게 업로드하고 공유할 수 있는 시스템을 갖출 필요가 있다.

AI 기반의 영상 편집 툴, 이미지 생성 도구, 음성 합성 시스템 등을 제공하면, 팬들이 보다 간편하게 창작 활동에 참여할 수 있다. 예를 들어, 캐릭터의 대사를 다른 목소리로 변형하거나, 기존 OST를 리믹스하여 재해석하는 기능은 팬 창작의 폭을 획기적으로 확장시킨다. 이러한 도구들은 창작의 문턱을 낮추고, 더 많은 팬들이 자신의 상상력을 구현할 수 있는 기반이 된다.

우수한 팬 크리에이터를 위한 보상 체계도 필요하다. 창작물의 영향력과 완성도에 따라 공식 굿즈, 이벤트 초대권, 아티스트와의 특별 만남 기회를 제공하면, 팬들의 열정은 단순한 취미에서 하나의 커리어로 확장될 수 있다.

메타버스 공간에서는 팬 창작의 생태계가 더욱 유기적으로 작동할 수 있다. 팬들은 메타버스 공간에서 직접 아바타의 의상, 아이템, 배경 공간 등을 디자인하고, 자신만의 가상 스테이지를 꾸밀 수 있다. 여기에 NFT 기술을 결합해, 팬들이 자신이 만든 아이템을 디지털 자산으로 등록하고 거래할 수 있도록 하면, 팬덤 내부에 수익 구조까지 갖춘 자율적 크리에이터 이코노미가 형성된다.

NFT·블록체인을 통한 희소성 부여

NFT와 블록체인 기술은 희소성과 소유권을 디지털 자산으로 확장할 수 있게 만들었다. 특히 콘서트 티켓, 한정판 포토카드, 팬미팅 초대권 등을 NFT로 발행하면 팬들에게 강한 소장 가치를 부여할 수 있다. 이 NFT들은 전 세계 어디에서든 온라인으로 거래할 수 있으며, 블록체인을 통해 소유권이 투명하게 증명된다. 이는 기존 오프

메이크스타에서 내놓은
'유스피어' 포카앨범
(출처: 메이크스타)

라인 굿즈보다 유동성과 안정성이 높다는 장점이 있다.

NFT는 단순히 '기념품'이 아니라, '소유와 투자'라는 새로운 팬의 정체성을 부여한다. 예컨대, NFT 판매 수익의 일부를 아티스트의 다음 앨범 제작이나 드라마 후속 시즌 개발에 직접 투자하는 구조를 만들면, 팬들은 해당 IP의 공동 성공에 기여하는 파트너로서의 보람을 느끼게 된다.

아직까지 NFT와 블록체인은 일부 팬들에게는 낯선 기술일 수 있지만, 팬덤 내 열성층에게는 오히려 강력한 커뮤니티 결속 장치로 작용한다. 이들은 자신이 좋아하는 IP와 아티스트 관련 NFT를 모으며, 그 자체로 차별화된 혜택과 '디지털 소장'의 즐거움을 동시에 누릴 수 있다. 이렇게 형성된 슈퍼팬 집단은 소비의 주체일 뿐만 아니라, 콘텐츠·자산·팬덤이 융합된 미래형 엔터테인먼트 생태계의 중심축이 될 수 있다.

글로벌 시장을 겨냥한 다국적 전략

K-팝과 K-드라마의 글로벌 성공은 엔터테인먼트 팬덤이 더 이상 국경에 갇히지 않는 시대가 도래했음을 상징적으로 보여준다. 이제 팬덤의 확장과 슈퍼팬의 육성은 단순한 '해외 진출'이 아닌, 정교한 다국적 전략을 필요로 한다.

이러한 전략의 핵심은 '로컬라이제이션'의 정교함이다. 글로벌 팬들이 콘텐츠에 쉽게 접근할 수 있도록, 빠르고 정확한 자막과 더빙, 그리고 문화적 맥락을 설명해주는 작업이 필수적이다. 이를 위해 AI 기반 자동 번역과 음성 합성 기술이 점점 더 많이 활용되고 있다.

온·오프라인을 연계한 글로벌 이벤트 전략도 중요하다. 해외 팬들을 대상으로 촬영 현장을 직접 방문할 수 있는 팬 투어 프로그램을 운영하거나, 현지 영화관 및 음악 페스티벌과 협업해 팬미팅과 쇼케이스를 개최하는 것도 좋은 방법이다. 동시에 라이브 스트리밍과 메타버스를 활용한 온라인 행사를 현지 시각에 맞춰 진행하면, 물리적 거리와 시차를 뛰어넘는 실시간 참여가 가능해진다. 이러한 시·공간의 확장은 글로벌 슈퍼팬의 규모를 기하급수적으로 확대하는 촉매제가 된다.

현지 지사와의 공동 프로덕션은 단순 수출 이상의 지속 가능한 전략으로 주목받고 있다. 로컬 제작진과 배우가 참여하고, 현지에서 직접 촬영을 진행하는 콘텐츠는 팬들에게 깊은 정서적 공감을 불러일으킨다. 이는 지역 커뮤니티와의 정서적 연결을 강화하는 방식으로, IP가 해당 국가에 깊숙이 뿌리내릴 수 있도록 돕는다.

글로벌 팬덤을 형성하려면 언어의 장벽을 넘는 기술력, 실시간 참여를 이끄는 경험 설계, 문화적 공감을 바탕으로 한 공동 제작이라는 세 가지 축이 유기적으로 작동해야 한다. 이러한 다국적 전략은 해외 수요 확보는 물론, '현지와 함께 성장하는 IP'라는 새로운 팬덤 모델을 창출한다.

엔터테인먼트 테크로 '몰입·참여·창작'을 극대화하라

엔터테인먼트 산업에서 IP 가치를 극대화하기 위해서는 팬들에게 단순한 시청을 넘어서는 깊은 몰입을 제공하고, 적극적인 참여와 창작의 기회를 함께 열어주어야 한다.

AI, AR/VR, 메타버스, 블록체인 등 첨단 엔터테인먼트 테크는 이를 보다 정교하고 창의적으로 구현하는 도구다. 팬의 행동 데이터를 분석해 취향을 예측하고, 가상 공간에서 팬미팅과 콘서트를 개최하고, NFT를 통해 IP를 디지털 자산화하고, 실시간 스트리밍에 양방향 인터랙션 기능을 접목하는 등 과거에는 상상만 했던 팬 경험이 현실로 구현되고 있다.

"엔터테인먼트 테크를 통해 슈퍼팬을 키운다"라는 것은 기존의 단

방향적 콘텐츠 소비 구조를 넘어, 팬이 이야기와 세계관을 함께 만들어가는 참여형 문화 생태계를 구축하는 일이다. 그리고 이 생태계가 촘촘하고 역동적으로 형성될수록, 하나의 IP는 시공간을 초월한 지속성과 생명력을 가지게 된다.

2030년,
슈퍼팬 경제의 미래

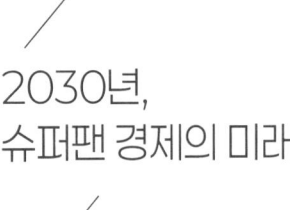

슈퍼팬 경제는 2030년에 가까워질수록 점점 더 견고하고 확실하게 자리 잡을 것으로 보인다. 이같은 슈퍼팬 경제의 성장은 콘텐츠 소비 방식의 양극화를 가속화할 것이다. 한쪽에는 무료 또는 저가 구독으로 폭넓은 콘텐츠를 가볍게 소비하는 일반 사용자가 있고, 다른 한쪽에는 프리미엄 비용을 기꺼이 지불하며 깊이 있는 경험과 특별한 혜택을 추구하는 슈퍼팬이 존재한다. 이는 '프리미엄화(Premiumization)'와 '대중화(Massification)'가 동시에 진행되는 현상으로, 기업들은 일반 사용자와 슈퍼팬이라는 두 시장을 병행하여 공략하는 이중 전략을 펼쳐야 한다.

또한, 슈퍼팬 기반 비즈니스 모델은 아티스트와 콘텐츠 제작자에게 이전보다 더 큰 자율성과 수익을 제공할 것이다. 플랫폼과 중개자의 영향력이 줄어들고, 창작자와 팬 간의 직접적인 관계가 더욱 중요해질 것이다. 이는 일종의 '중간상 없는(Disintermediated)' 경제 모델이라 할 수 있으며, 창작자들이 자신들의 콘텐츠와 브랜드를 더 직접적으로 통제하고 수익화할 수 있게 만든다. 이러한 변화는 창작자들의 협상력을 강화하고, 다양하고 혁신적인 콘텐츠의 등장을 촉진할 것이다.

팬과의 직접 연결로 창작 다양성 확대

이러한 변화는 콘텐츠 다양성 측면에서도 긍정적이다. 대중적인 인기보다 열정적인 팬층의 지지를 기반으로 한 비즈니스 모델은, 특정 장르나 주제에 특화된 틈새 콘텐츠의 생존과 성장을 가능하게 한다. 이는 기존 주류 미디어가 다루지 않았던 다양한 이야기와 시선을 더 많은 관객에게 전달할 수 있는 기회를 제공한다. 결과적으로 문화적 다양성이 확대되고, 더 많은 창작자들이 자신만의 독특한 목소리를 드러낼 수 있게 될 것이다.

K-콘텐츠는 이러한 슈퍼팬 경제에서 선도적 위치에 있다. K-팝은 이미 전 세계적으로 강력한 팬덤을 구축하고 있고, 위버스와 같은 플랫폼을 통해 슈퍼팬 경제의 가능성을 성공적으로 실현하고 있다. 이렇게 쌓은 경험과 노하우는 K-팝뿐만 아니라 드라마, 예능, 웹툰 등 다른 K-콘텐츠 분야로 확산되어, 한국 콘텐츠 산업 전반의 글로벌 경쟁력을 강화하는 데 기여할 것이다. 특히 K-팝이 세계적 성

공을 거둘 수 있었던 핵심 요인인 팬 중심 접근, 높은 콘텐츠 완성도, 디지털 기술의 적극적 활용 등은 다른 장르에도 적용 가능한 교훈을 제공한다.

엔터테크가 이끄는 경험의 진화

슈퍼팬 경제의 성장은 기술 발전과도 밀접하게 연결된다. AI와 메타버스 기술이 발전함에 따라, 아티스트와 팬 사이의 상호작용은 더욱 다양하고 몰입도 높은 형태로 진화할 것이다.

AI는 개인화된 콘텐츠 추천, 자동 번역, 실시간 상호작용 등을 통해 글로벌 팬들의 경험을 향상시키고 있으며, 메타버스는 물리적 제약을 넘어 전 세계 팬들이 함께 모여 아티스트와 교감하고 공유된 경험을 즐길 수 있는 가상 공간을 제공한다. 가상 콘서트, 디지털 굿즈, AI 기반 개인화 콘텐츠 등은 슈퍼팬들에게 새로운 경험과 함께 추가적인 수익 창출 기회까지 만들어낼 것이다.

블록체인과 NFT 기술은 디지털 소유권을 명확히 하고, 희소성과 진위성을 보장함으로써, 디지털 굿즈와 경험의 가치를 더욱 높여준다. 팬들은 자신이 좋아하는 아티스트의 독점 디지털 아이템을 소유하고 거래할 수 있으며, 이는 새로운 형태의 팬 참여와 수익 모델을 창출할 것이다. 또한, 블록체인 기반 팬 토큰(Fan Token)은 팬들에게 거버넌스 권한과 특별 혜택을 제공함으로써, 팬덤의 소속감과 참여도를 더욱 높일 수 있다.

데이터 기반 의사결정과 개인화 전략도 더욱 중요해질 것이다. 슈퍼팬의 행동 패턴, 선호도, 소비 습관 등을 분석하면, 보다 효과적인 마케팅 전략과 콘텐츠 기획이 가능해진다. 개인화된 추천, 맞춤형 경험, 정밀한 타겟 마케팅은 팬들의 만족도를 높이고, 더 높은 참여와 소비를 유도할 수 있다. 그런 한편, 개인정보 보호와 윤리적 데이터 활용에 대한 중요성도 커질 것으로 보인다. 팬들의 신뢰를 유지하기 위해서는 투명하고 책임 있는 데이터 정책이 반드시 수반되어야 한다.

전통적인 미디어 및 엔터테인먼트 기업들도 이 같은 변화에 빠르게 적응해야 할 것이다. 콘텐츠 제작과 유통뿐만 아니라 팬 커뮤니티 구축, 직접 소통 채널 확보, 독점 경험 제공 등 슈퍼팬 중심 전략으로의 전환이 필수적이다. 이는 조직 구조, 비즈니스 모델, 기술 인프라 전반의 근본적인 변화를 요구하며, 기업의 민첩성과 혁신 역량이 성공의 핵심 요소가 될 것이다.

양적 확장보다 질적 깊이에 집중

2030년 엔터테크 산업은 '스트리밍 2.0'과 '슈퍼팬 이코노미'를 중심으로 재편될 것이다. 단순한 콘텐츠 소비를 넘어, 깊은 감정적 연결과 적극적인 참여를 추구하는 슈퍼팬이 엔터테인먼트 생태계의 핵심 동력이 될 것이며, 이들을 위한 차별화된 가치 제안은 기업의 성공을 좌우하는 결정적 요소가 될 것이다.

앞으로 5년, 그리고 그 이후에도 엔터테인먼트 산업은 콘텐츠의 양적 확장보다 질적 깊이와 관계의 밀도에 더 큰 가치를 두어야 한다. 그리고 이 새로운 패러다임 속에서, K-팝은 글로벌 엔터테인먼트 산업에 영감과 방향성을 제시하는 이정표가 될 것이다. 슈퍼팬의 시대, 그리고 그들과 함께 성장하는 K-콘텐츠의 글로벌 영향력은 점점 더 확대되고 심화될 것이다.

슈퍼팬이 판을 바꾼다
〈불꽃야구〉가 보여준 가능성과 미래

 2025년 초, 한국 스포츠 미디어 업계에 작지 않은 파장이 일었다. 인기 야구 예능 프로그램 〈최강야구〉의 제작진이 방송사와의 갈등 끝에 독립을 선언하고, 유튜브에 〈불꽃야구〉라는 새로운 채널을 개설한 것이다. 그러나 이들의 도전은 순탄치 않았다. JTBC의 저작권 침해 신고로 영상이 차단되고, 채널 자체가 폐쇄 위기에 몰렸다. 그러나 〈불꽃야구〉는 위기를 기회로 바꿨다. 2025년 5월, 〈불꽃야구〉 2화는 최고 동시 시청자 23만4천 명을 기록했다. 1화보다 10만 명 이상 증가한 수치였다. 210명의 지원자 중 90명을 선발하는 트라이아웃 과정을 생중계하자, 시청자들은 "투수 라인업 완성각" "속도 도파민 터졌다" 등의 실시간 반응을 쏟아냈다. 평균 시청 지속 시간은 22분으로 일반 예능의 1.5배에 달했다.
 표면적으로는 방송사와 제작사 간의 저작권 분쟁처럼 보이는 이

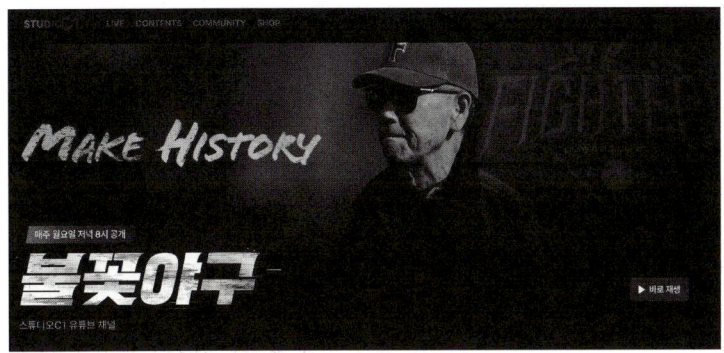

불꽃야구 스트리밍 플랫폼(출처: C1스튜디오)

사건은, 실은 한국 스포츠 콘텐츠 산업이 직면한 구조적 변화의 단면을 보여주는 상징적인 사례였다. 전통적인 방송 시스템과 새로운 디지털 플랫폼 간의 충돌, IP 소유권을 둘러싼 갈등 그리고 무엇보다 콘텐츠를 소비하는 방식이 근본적으로 변화하고 있다는 신호였다.

이 모든 변화의 중심에는 '슈퍼팬'이라 불리는 새로운 유형의 스포츠 팬들이 있다. 정해진 시간에 TV 앞에 앉아 수동적으로 경기를 시청하던 과거의 팬들과는 완전히 다른, 능동적이고 참여적이며 때로는 창조적이기까지 한 새로운 세대의 팬들. 이들이 바로 21세기 스포츠 미디어 산업의 판도를 근본적으로 바꾸는 주인공들이다.

결국 스튜디오 C1은 〈불꽃야구〉 등 자체 콘텐츠를 위한 전용 팬덤 기반 스트리밍 플랫폼(https://studioc1.co.kr)을 공식 오픈했다. 이 플랫폼은 〈불꽃야구〉의 지난 회차를 비롯해 다양한 콘텐츠를 안정적으로 시청할 수 있는 새로운 공간으로, 실시간 채팅, 전용 커뮤니티, 도네이션, 숍(Shop) 등 다양한 기능을 순차적으로 도입할 예정이다.

스튜디오 C1은 유튜브 공지에서 "오늘(2025년 6월 20일)로 스튜디오 C1의 새로운 집이 생겼습니다. 모든 시스템이 완벽하게 갖춰진 상태는 아니지만, 〈불꽃야구〉의 지난 회차를 하루빨리 편안한 마음으로 즐기시길 바라는 마음으로 조금 서둘러 오픈하게 되었습니다. 앞으로 두 달간의 업데이트를 통해 실시간 채팅, 전용 커뮤니티, 도네이션 등 다양한 기능을 선보일 예정"이라고 밝혔다. 팬들의 반응도 뜨거웠다. 해당 고지에 5,300개의 '좋아요'가 붙었다. (2025년 6월 20일 오후 7시 55분 현재)

유니폼이 아닌 선수를 따르는 시대

스포츠 팬덤의 역사는 곧 지역 공동체의 역사였다. 할아버지가 응원하던 팀을 아버지가 이어받고, 그것이 다시 아들에게 전해지는 것이 자연스러운 일이었다. 뉴욕에 살면 양키스를, 보스턴에 살면 레드삭스를 응원하는 것이 일종의 지역적 정체성이자 문화적 DNA였다.

그러나 21세기에 들어서면서 이러한 전통적인 팬덤 구조에 균열이 생기기 시작했다. 특히 밀레니얼 세대와 Z세대로 대표되는 젊은 팬들은 팀보다는 개별 선수에게 더 강한 애착을 보이는 경향이 뚜렷해졌다. 이들에게 중요한 것은 연고지나 팀의 역사가 아니라, 선수 개인의 스토리와 퍼포먼스, 그리고 경기장 밖에서 보여주는 라이프스타일이었다.

NBA는 이러한 변화를 가장 빠르게 포착하고 대응한 리그다. 과거에는 '레이커스 대 셀틱스'의 라이벌전을 강조했다면, 이제는 '르브론 제임스 대 스테판 커리'의 대결로 마케팅의 초점을 옮겼다. 선수 개인의 SNS 계정은 때로 팀 공식 계정보다 더 많은 팔로워를 보유하게 되었고, 선수들의 일거수일투족은 그 자체로 콘텐츠가 된다.

이러한 변화는 단순한 마케팅 전략의 변화가 아니라, 스포츠를 소비하는 방식의 근본적인 전환을 의미한다. 팬들은 더 이상 하나의 팀에 고정되지 않는다. 좋아하는 선수가 이적하면 함께 팀을 옮기는 것이 자연스러워졌고, 여러 팀의 경기를 동시에 팔로우하는 것도 일상이 되었다.

3시간 경기보다 3분 하이라이트

스포츠 시청 패턴의 변화는 더욱 극적이다. 전통적으로 스포츠 팬은 경기 시작부터 끝까지 한순간도 놓치지 않고 지켜보는 사람을 의미한다. 그러나 새로운 세대의 슈퍼팬들에게 이러한 정의는 더 이상 유효하지 않다.

알트만 솔로몬의 조사에 따르면, 18~24세 스포츠 팬 중 41%가 경기 전체를 시청하기보다 결과와 하이라이트만 확인한다고 응답했다. 이는 단순히 시간이 부족해서만은 아니다. 오히려 이들은 여러 경기의 핵심 장면들을 빠르게 소비하고, 그것을 소셜미디어에 공유하고, 다른 팬들과 실시간으로 의견을 나누는 것을 더 중요하게 여긴다.

유튜브와 틱톡 같은 플랫폼의 부상은 이러한 트렌드를 더욱 가속화했다. 3시간짜리 야구 경기를 3분으로 압축한 하이라이트 영상이 수백만 조회 수를 기록하고, 특정 선수의 플레이만을 모은 편집 영상이 바이럴하게 퍼져나갔다. 젊은 팬들에게 이러한 콘텐츠는 '부가적인 것'이 아니라 '메인 디시(main dish)'가 되었다.

〈불꽃야구〉의 성공도 이러한 맥락에서 이해할 수 있다. 79분 만에 동시 시청자 20만 명을 돌파한 것은 단순히 야구에 대한 관심 때문만이 아니다. 시청자들은 김경묵이 149.2km/h를 기록하는 순간, 김재호가 0.9초 송구를 완성하는 장면에 열광했다. 이들이 원한 것은 긴 경기가 아니라 압축된 드라마와 하이라이트였다.

이는 스포츠 리그와 방송사들에게 심각한 고민거리를 안겨주었다. 전통적인 광고 모델은 시청자들이 경기 전체를 시청한다는 전제 하에 구축되어 있었는데, 이제 그 전제 자체가 흔들리고 있기 때문이다. 동시에 이는 새로운 기회이기도 하다. NBA 구단주 마크 큐반이 하이라이트 영상의 유료화를 제안한 것도 이러한 맥락에서 이해할 수 있다.

팬 중심 플랫폼의 가능성

〈불꽃야구〉 사태가 던진 가장 중요한 화두는 바로 '팬 중심 플랫폼'의 가능성이다. 전통적으로 스포츠 콘텐츠는 방송사나 대형 플랫폼을 통해 유통되었다. 그러나 디지털 시대가 심화되면서 콘텐츠 창작자가 팬들과 직접 연결될 가능성이 열렸다.

〈불꽃야구〉 팀이 시도한 것은 바로 이것이었다. 방송사의 틀에서 벗어나 유튜브라는 개방된 플랫폼에서 팬들과 직접 만나고자 했다. 비록 초기에 저작권 문제로 어려움을 겪었지만, 이들의 시도는 중요한 선례를 남겼다. 23만 명의 동시 시청자, 300만 조회 수, 일반 예능보다 1.8배 높은 광고 단가는 팬 중심 플랫폼의 가능성을 실증적으로 보여준 것이다.

팬 중심 플랫폼의 핵심은 '직접성'이다. 중간 유통 단계를 최소화하고, 콘텐츠 창작자와 팬이 직접 연결되는 것이다. 이를 통해 창작자는 더 많은 수익을 낼 수 있고, 팬들은 더 저렴한 가격에 콘텐츠를 즐길 수 있다. 팬들의 피드백이 즉각적으로 반영되어 더 나은 콘텐츠를 만들어낼 가능성도 커졌다.

〈불꽃야구〉의 경우, 시청자 투표로 선정하는 '팬 수상' 제도를 도입한 것도 주목할 만하다. 이는 팬들에게 단순한 시청자가 아닌 참여자로서의 역할을 부여하는 것이다. 팬들은 자신들의 의견이 실제로 반영되는 것을 보며 더 깊은 소속감을 느끼게 된다.

기술적 기반도 충분히 마련되어 있다. 유튜브, 트위치 같은 플랫폼은 이미 대규모 실시간 스트리밍을 지원하고 있다. 패트리온, 온리팬스 같은 구독 서비스는 팬들이 창작자를 직접 후원할 수 있는 모델을 제시했다. NFT와 블록체인 기술은 디지털 굿즈와 수집품 시장의 가능성을 열었다.

물론 넘어야 할 산은 많다. 대규모 스포츠 이벤트를 안정적으로 중계할 수 있는 기술력, 불법 복제를 막을 수 있는 보안 시스템, 결제

하고 정산할 수 있는 인프라 등이 필요하다. 무엇보다 기존 방송사와 리그의 저항을 극복해야 한다. 그럼에도 불구하고 팬 중심 플랫폼의 미래는 밝다. 이미 일부 마이너 리그와 독립 리그에서는 자체 플랫폼을 통해 팬들과 직접 소통하고 있다. 개별 선수들도 자신의 채널을 통해 훈련 영상, 일상 브이로그, 팬과의 소통 콘텐츠 등을 제공하며 새로운 수익원을 창출하고 있다.

슈퍼팬과 함께 만드는 미래

〈불꽃야구〉는 단순한 야구 예능 프로그램을 넘어 한국 스포츠 미디어 산업의 미래를 보여주는 상징이 되었다. 23만 명의 동시 시청자, 300만 조회 수, 일반 예능보다 1.8배 높은 광고 단가는 슈퍼팬들의 힘을 실증적으로 보여주었다. 그러나 더 중요한 것은 숫자가 아니다. 〈불꽃야구〉가 보여준 것은 스포츠 콘텐츠의 미래가 어디로 향하고 있는지에 대한 명확한 신호다. 팬들은 더 이상 수동적인 시청자가 아니라 능동적인 참여자가 되기를 원한다. 그들은 자신들의 의견이 반영되고, 자신들이 원하는 방식으로 콘텐츠를 소비하고, 때로는 직접 콘텐츠의 일부가 되기를 원한다.

스포츠 미디어 산업의 미래는 이러한 슈퍼팬들의 요구를 얼마나 잘 이해하고 충족시키느냐에 달려 있다. 기술은 이를 가능하게 하는 도구일 뿐이다. 진정으로 중요한 것은 팬들과의 관계를 어떻게 구축하고 유지하느냐다. 스포츠의 미래는 결국 팬들의 손에 달려 있다. 더 정확히 말하면, 스마트폰을 든 슈퍼팬들의 손가락 끝에 달려 있다. 그들이 탭하고, 스와이프하고, 공유하는 그 순간순간이 모여 거대한 변화의 물결을 만들고 있다.

〈불꽃야구〉가 보여준 것처럼, 이 변화의 물결은 거스를 수 없다. 우리가 할 수 있는 것은 이 물결을 타고 더 멀리, 더 높이 나아가는 것뿐이다. 슈퍼팬들과 함께 만들어갈 스포츠의 미래는 분명 지금보다 더 흥미롭고, 더 참여적이며, 더 가치 있을 것이다. 스포츠에는 사람들을 하나로 묶는 힘이 있다. 기술이 발전하고 플랫폼이 변해도 이 본질은 변하지 않는다. 오히려 슈퍼팬 시대는 이러한 연결의 힘을 더욱 강화할 기회다. 지역과 시간, 언어의 장벽을 넘어 전 세계 팬들이 하나가 되는 경험. 그것이 바로 슈퍼팬이 만들어갈 스포츠의 미래다.

2부

엔터테크가 바꾼다

3장
엔터테크 트렌드

엔터테크,
콘텐츠의 경계를 허무는 기술 혁신

콘텐츠의 경계를 허무는 기술 혁신이 시작됐다. 글로벌 엔터테크 시장은 AI, XR, 블록체인, 클라우드 등 첨단 기술을 바탕으로 전통적인 음악·영화·게임 산업을 완전히 재편하고 있다. 생성형 AI로 각본을 쓰고, VR로 공연을 즐기며, 블록체인으로 IP를 공유하는 시대. 기술과 콘텐츠의 경계가 무너지고, 전례 없는 방식으로 창작과 유통의 패러다임이 바뀌고 있다.

엔터테크의 탄생과 진화

엔터테크는 콘텐츠의 제작, 유통, 소비 전반에 걸쳐 첨단 기술을 활용하는 산업 분야를 의미한다. 여기에는 AR/VR, AI, 블록체인, 메타버스, 클라우드 기술 등이 포함되며, 음악, 영화, 게임, 공연 등 다양한 콘텐츠 영역과 결합되고 있다.

엔터테크 산업은 기존의 전통적인 엔터테인먼트 산업과 빠르게 융합되어 산업 간 경계를 허물고 있다. 현재는 단순한 기술 도입을 넘어, 완전히 새로운 형태의 콘텐츠와 경험을 창출하는 단계로 진화하고 있다. 특히 기술 발전에 따라 생산자와 소비자의 경계가 모호해지면서 프로슈머(Prosumer)의 역할이 중요해지고 있고, 참여형 콘텐츠와 사용자 생성 콘텐츠의 비중도 꾸준히 확대되고 있다.

2024년 기준, 글로벌 엔터테크 시장 규모는 약 3,750억 달러로 평가되며, 2025년부터 2030년까지 연평균 성장률(CAGR) 14.8%를 기록해 2030년에는 약 8,600억 달러에 이를 것으로 전망된다. 코로나19 이후 비대면 엔터테인먼트 수요의 증가와 디지털 전환 가속화가 시장 성장의 주요 요인으로 작용하고 있다. 지역별 시장 점유율은 북미(35%), 아시아·태평양(33%), 유럽(22%), 기타 지역(10%)으로 구성되어 있으며, 특히 인도, 동남아시아, 라틴아메리카 시장이 빠른 성장세를 보였다.

주목해야 할 최신 트렌드

글로벌 엔터테크 산업은 기술 융합을 기반으로 급변하고 있다. AI는 콘텐츠 제작 자동화와 창의성 향상을 동시에 견인하고 있으며, XR 등 몰입형 기술은 공연, 스포츠 분야의 실감형 경험을 주도하고 있다. 초개인화 기술은 사용자 맞춤 경험을 심화시켰고, 블록체인은 IP 관리와 팬 참여 방식에 변화를 일으켰다. 웹3(Web3) 기반 탈중앙화 플랫폼은 창작자 중심의 새로운 수익 구조를 열고 있다.

AI 기반 콘텐츠 제작 자동화 및 창의성 증강

딥러닝 및 생성형 AI 기술은 엔터테인먼트 산업의 콘텐츠 제작 프로세스를 근본적으로 바꾸고 있다. 2024년 기준, 할리우드 주요 스튜디오의 83%가 프리프로덕션 단계에서 AI 기술을 활용하고 있으며, 음악 산업에서는 AI 기반 작곡 및 편곡 활용 비율이 전년 대비 47% 증가하였다. 주요 적용 영역은 '스크립트 및 스토리 개발' '비주얼 에셋 생성' '음악 및 사운드 디자인' '편집 및 후반 작업' 등이다.

스크립트 및 스토리 개발에서는 AI 기반 구조 분석 및 제안 시스템을 통해 시나리오 작가의 생산성이 평균 35% 향상된 것으로 나타났으며, 비주얼 에셋 생성은 캐릭터, 배경, 특수효과 등 디지털 자산을 AI로 생성하여 제작 시간 60%, 비용 45% 절감한 것으로 분석됐다. 음악 및 사운드 디자인의 경우, AI 작곡 도구와 사운드 생성 모델로 오디오 제작 프로세스가 크게 혁신되었으며, 편집 및 후반 작업 영역도 AI 기반 자동 편집 시스템으로 소셜미디어 콘텐츠 제작 시간이 약 70% 단축되었다.

기술적 한계와 윤리적 쟁점이 여전히 존재하지만, AI는 창작자의 역량을 확장하는 핵심 도구로 자리 잡았다. 특히 소규모 제작사와 독립 크리에이터들이 대형 스튜디오 수준의 콘텐츠를 제작할 수 있는 환경이 조성되며, 시장 진입 장벽이 크게 낮아지고 있다.

몰입형 경험 기술 확산과 다중감각 콘텐츠

XR 기술 기반의 실감형 콘텐츠가 주류로 자리 잡고 있으며, 특히 라이브 공연 및 스포츠 분야에서 활용이 급증하고 있다. 2024년 기준, VR/AR/MR 디바이스 시장은 전년 대비 38% 성장했으며, 몰입형 콘텐츠 소비량은 124% 증가하였다. 대표적인 적용 영역으로는 글로벌 음악 페스티벌이나 오프라인 공연에 가상으로 참여하는 모델을 결합한 '하이브리드 공연', 실시간 AR 통계, 멀티앵글 VR 중계 등을 도입한 '스포츠 중계', 테마파크나 박물관 등에서 AR 기반 인터랙티브 경험을 제공하는 '위치 기반 경험', 햅틱 피드백이나 디지털 향기 기술 등을 결합하는 '감각 통합' 등이 있다.

2023년 애플의 비전 프로 출시와 2024년 메타의 Quest 3 라이트, 레이밴 스마트글래스의 보급 등으로 XR 콘텐츠에 대한 접근성이 높아지면서 이 시장이 급속히 확대되고 있다. 하드웨어 가격 하락과 콘텐츠 다양화가 맞물려 XR 대중화 시대가 열릴 전망이다.

콘텐츠 초개인화와 적응형 경험

빅데이터와 AI 알고리즘을 활용한 초개인화 추천 및 맞춤형 콘텐츠 경험도 심화되고 있다. 2024년 기준, 주요 OTT 서비스에서 소비된 콘텐츠의 78%는 알고리즘 추천을 통해 선택된 것이며, 개인화 플랫폼의 사용자 체류 시간은 비개인화 플랫폼보다 평균 42% 더 길다. 주요 적용 사례로는, 사용자 반응에 따라 실시간으로 변하는 인터랙티브 콘텐츠를 제공하는 '동적 콘텐츠 구성', 표정 및 생체 신호 분석을 기반으로 콘텐츠 경험을 실시간 조정하는 '감정 인식 기반 적응', 다양한 기기 간 일관된 경험을 제공하고 기기별로 최적화하는 '크로스플랫폼 개인화', 엣지 컴퓨팅과 연합학습을 통해 개인정보를 보호하는 '프라이버시 중심 추천' 등이 있다.

초개인화는 소비자의 기대치를 높이는 동시에, 엔터테인먼트 산업의 핵심 경쟁력으로 자리 잡고 있다. 다만, 필터 버블이나 프라이버시 침해에 대한 우려도 커지고 있어, 기술적 투명성과 사용자 통제권 보장이 병행되어야 한다.

블록체인 기반 IP 관리와 팬 이코노미

NFT와 블록체인 기술을 활용한 디지털 저작권 보호 및 수익 분배 모델의 혁신이 가속화되고 있다. 암호화폐 시장이 부침을 겪고 있지만, 블록체인 활용 사례는 엔터테인먼트 분야에서 꾸준히 조명받고 있다. 대표적으로 스마트 계약을 통해 음악·영상 콘텐츠 수익을 실시간 분배하는 '로열티 자동화', 팬과 아티스트가 공동으로 IP를 소유하고 발전시키는 '팬 소유권 모델', 프리미엄 콘텐츠와 실물 상품을 연계하는 '디지털 컬렉터블', 커뮤니티 기반 오픈 IP 프로젝트를 확대하는 '탈중앙화 IP 개발' 등이 활발히 이루어지고 있다.

2024년에는 디즈니, 워너, 유니버설 등 메이저 스튜디오들이 블록체인 기반 IP 관리 및 팬 참여 플랫폼을 잇달아 출시하며 시장의 신뢰도와 주목도를 높였다.

탈중앙화 플랫폼과 크리에이터 경제

웹3 기반의 탈중앙화 플랫폼은 대형 플랫폼을 벗어나 크리에이터와 팬이 직접 연결되는 구조를 가능하게 했다. 2024년 전 세계 크리에이터 경제 규모는 4,800억 달러에 달했으며, 이 중 약 850억 달러(17.7%)는 탈중앙화 플랫폼을 통해 발생하였다. 주요 특징을 살펴보면, 플랫폼 수수료 없이 크리에이터가 콘텐츠를 직접 제공하는 '중개자 없는 유통', DAO 기반으로 사용자들이 플랫폼 운영에 직접 참여하는 '커뮤니티 주도 거버넌스', 소규모 니치 콘텐츠 중심으로 지속 가능한 경제 모델을 확대하는 '마이크로 경제 활성화', 플랫폼 기여도에 따라 토큰 형태의 보상을 제공하는 '토큰화 인센티브' 등이 있다.

아직 사용성과 확장성에서 과제가 남아 있으나, 관련 기업들로부터 전통적 플랫폼 비즈니스의 대안으로 주목받고 있다. 특히 Z세대와 알파 세대의 콘텐츠 소비 성향이 탈중앙화 모델에 친화적이라는 점에서 중장기 성장 가능성을 크게 평가받고 있다.

2030년
엔터테크 시장 전망

AI 기술과의 결합으로 엔터테크의 발전이 지금껏 없던 속도로 가속화되고 있다. 특히 최근 몇 년 사이, 비즈니스 모델의 진화가 가장 활발하다. 이러한 흐름 속에서 다가올 5년, 즉 2030년 엔터테크 시장을 전망하는 일은 그 자체로 큰 의미가 있다. 100년 가까운 역사를 지닌 할리우드의 대형 스튜디오들도 설립 초기 10년 동안 핵심 사업 구조와 비즈니스 모델을 수립해왔다. 물론 이후 시대 변화와 기술 발전에 따라 지속적으로 솔루션을 도입해왔지만, '스튜디오'라는 큰 틀은 초창기에 마련된 것이다. 따라서 지금 2030년의 미래 엔터테인먼트 산업을 예견하는 일은, 향후 한국 엔터테크 산업의 100년을 준비하는 중요한 출발점이라 할 수 있다.

결론부터 말하자면, 엔터테크는 새로운 산업적 가치를 창출할 것으로 예상된다. 기술 발전의 연속성, 소비자 경험의 혁신, 그리고 새로운 비즈니스 모델의 등장이 엔터테인먼트 산업의 미래를 결정짓는 핵심 요소가 될 것이다. 이러한 변화는 학제 간 융합 연구의 초석이 되며, 미래 엔터테인먼트 정책 수립에도 중요한 기여를 할 것으로 보인다. 창작, 제작, 유통 전반에도 실질적인 변화를 일으켜 산업 전반의 혁신을 견인할 것이다. 이제 2030년에 본격화될 주요 개념과 등장할 기업, 그리고 그 상징적 이미지들을 중심으로 미래를 구체적으로 전망해보자.

AI 프로덕션의 정착과 확장

2025년 현재, AI 프로덕션은 주로 단편 영화, 광고, 음악 영상 등 짧은 형식의 콘텐츠에 활용되고 있다. 그러나 2030년에는 장편 영화, TV 시리즈, 게임 시네마틱과 같은 대형 프로젝트로 확장될 전망이다. 과거 AI는 시나리오 초안 작성이나 CG 편집 등 보조 역할에 머물렀지만, 앞으로는 스토리 구조 설계, 캐릭터 성격 설정 등 창의적 의사결정 분야까지 진출할 가능성이 크다. 이는 AI가 단순 연산이나 데이터 처리 수준을 넘어, 창작적 판단까지 수행할 수 있는 역량으로 발전하고 있음을 뜻한다.

더 나아가, 사용자의 취향·감정·소비 패턴을 학습해 실시간으로 맞춤형 콘텐츠를 제작·추천하는 개인화 모델이 시험적으로 등장할 것으로 보인다. 예를 들어, 시청자가 선호하는 배우와 전개 방식을 기반으로 즉석에서 작품이 생성되고, 그 자리에서 감상할 수 있게 되는 것이다. 향후 AI는 방대한 레퍼런스 작품과 시장 반응 데이터를 분석해 성공 확률이 높은 기획안을 제안하고, 예산과 스케줄까지 자동 편성하는 '가상 스튜디오 시스템'의 핵심 축이 될 수 있다. 이에 따라 감독이나 프로듀서가 담당하던 역할 중 상당 부분이 자동화되고 디지털화될 것이다.

다만 완전 자동화된 콘텐츠가 지나치게 기계적이지 않도록 감성, 디테일, 윤리 기준을 조율하는 인간 크리에이터와의 협업이 필수적이다. 따라서 인간의 역할은 '감독자(Overseer)'로 재편되고, 이러한 역할에 특화된 새로운 직군에 대한 수요도 증가할 것으로 보인다. 이는 인간 크리에이터와 AI 감독·프로듀서의 협업을 통해 기존에 상상할 수 없었던 독창적인 콘텐츠가 탄생할 가능성을 시사한다.

몰입형 기술의 진화

2030년에는 VR·AR·MR 기술이 지금보다 훨씬 더 고도화 될 것이다. 이에 따라 고성능 HMD(Head-Mounted Display)와 공간 컴퓨팅 기술이 결합해 물리적 공간과 가상 세계의 경계가 한층 더 자연스럽고 직관적으로 융합될 것으로 보인다. 사용자는 현실과 디지털이 구분되지 않는 혼합 현실(Mixed Reality) 환경에서, 오감을 활용한 몰입형 체험을 일상적으로 누릴 수 있게 될 것으로 보인다.

같은 맥락에서, 전 세계 동시 관람이 가능한 가상 공연의 대중화도 현실로 다가오고 있다. 앞으로는 오프라인 공연장에 직접 가지 않고 집에서 VR 헤드셋을 착용하는 것만으로도 생생한 현장감을 경험할 수 있게 될 것이다. 특히 AR 기술을 활용한 '증강 라이브'가 보편화 되어 현실 무대와 가상 무대가 자연스럽게 연결되는 새로운 형태의 공연 문화가 정착할 것으로 보인다.

인터랙티브 스토리텔링과 게이미피케이션의 융합은 엔터테인먼트 콘텐츠의 패러다임 자체를 변화시키고 있다. 영화, 드라마, 예능 등 기존 영상 콘텐츠에 게임적 요소가 결합되면서, 이용자는 단순한 시청자에서 벗어나 직접 세계관에 개입하거나 이야기의 전개를 바꾸는 능동적 참여자로 진화하고 있다. 메타버스 공간에서는 캐릭터와의 상호작용 등을 통해, '보는 것'에서 '경험하고 참여하는 것'으로 엔터테인먼트의 본질이 확장되고 있다.

대표 사례: 최첨단 몰입형 엔터테인먼트 시설, COSM의 등장

2024년 8월, 로스앤젤레스 할리우드 파크(Hollywood Park)에 최첨단 몰입형 엔터테인먼트 시설인 'COSM'이 문을 열었다. 개장 전부터 전 세계적인 주목을 받아온 이 공간은, 지름 87피트(약 26.5미터)에 달하는 돔 형태의 LED 스크린을 갖추고 있다. 해당 스크린은 12K 이상의 초고해상도를 지원하며, 최대 180도까지 시야를 감싸는 압도적인 시청 환경을 제공한다. 이는 기존의 평면 스크린이나 가상현실(VR) 헤드셋으로 구현하기 어려웠던, 전신을 감싸는 듯한 몰입감을 극장 전체에 구현한 사례로 평가된다.

이 돔 스크린이 설치된 극장 공간은 최대 1,500명을 수용할 수 있다. 그러나 단순한 규모의 크기만으로 COSM의 가치를 설명하기는 어렵다. 이 시설의 진정한 매력은 '공유 현실(Shared Reality)'이라는 새로운 체험 방식을 제시한다는 데 있다. 과거에도 대형 화면을 통한 스포츠 경기, 음악 공연, 예술 전시 중계는 존재했지만, COSM은 관객이 실제 현장에 있는 듯한 생생한 체험을 가능케 한다. 축구 경기를 관람할 때는 관객이 경기장 한가운데 있는 듯한 몰입감을 느낄 수 있고, 서커스 공연이 펼쳐질 때는 무대 위에서 공연자와 함께하는 듯한 생동감을 체험할 수 있다.

이러한 몰입형 경험은 단순히 콘텐츠를 '보는' 수준을 넘어 관객이 공연의 일부가 된 듯한 감각을 부여한다. 관람객은 콘서트장의 관객석에 앉아 있는 듯한 느낌은 물론, 서커스 무대 위에서 곡예사와 같은 시선을 공유하는 등의 체험을 통해 극대화된 현장감을 누릴 수 있다.

COSM이 추구하는 핵심 가치는, 현실 세계와 디지털 기술이 뒤섞인 '공유 현실'의 본격적 구현이다. 몰입형 LED 돔 스크린을 통해 관객들은 동일한 물리적 공간에서, 동시에 같은 가상 경험을 공유하게 된다. 이는 VR 헤드셋처럼 개인별 체험에 의존하는 방식과 달리, 여러 명이 함께 같은 장면에 반응하고 감정을 나눌 수 있다는 점에서 결정적인 차이를 보인다.

COSM에서는 스포츠 경기, 음악 공연, 서커스, 몰입형 예술 작품 등 다양한 콘텐츠가 실시간 중계된다. 이를 통해 세계 각지에서 열

몰입형 돔 극장 COSM (출처: COSM 홈페이지)

리는 이벤트를 로스앤젤레스 할리우드 파크에 위치한 단 하나의 공간에서 동시에 즐길 수 있다. 예를 들어 유럽에서 열리는 축구 결승전을 돔 극장에서 실시간으로 관람하면서, 관객들은 실제 경기장 스탠드에 앉아 있는 듯한 몰입감을 느끼며 선수들의 움직임과 함성을 생생히 체감할 수 있다. 세계적인 뮤지션의 라이브 콘서트를 중계할 때는 무대 바로 앞에서 보는 듯한 현장감을 전달하여 팬들에게 특별한 감동을 선사한다.

'몰입형'이라는 키워드는 2030년대 엔터테인먼트 산업 전반에 걸쳐 획기적인 변화를 촉발할 것으로 보인다. 음향, 조명, 무대 장치, 미디어 파사드 등 기존에도 다양한 몰입 기술이 존재했지만, COSM은 이들 기술이 고도화되고 통합될 수 있음을 보여주는 대표적 사례다. 대형 스크린, 정밀한 음향 시스템, 실시간 양방향 소통 기술 등이 융합되면서, 엔터테인먼트의 정의 자체가 새롭게 재정립되고 있다.

더불어 COSM이 구현하는 '공유 현실' 경험은 미래의 확장 가능성을 시사한다. 단순히 놀라운 체험에 그치지 않고, 관객이 실시간으로 콘텐츠에 반응하고 참여하는 환경이 조성된다면, 현재의 라이브 공연을 넘어선 '집단 예술 체험'으로 발전할 수 있다. 아티스트, 스포츠팀, 극단 등이 전 세계 각지의 공연장이나 경기장과 시간·공간의 제약 없이 협업하고, 그 콘텐츠를 전 세계 수많은 관객이 동시에 체험하는 시대가 머지않은 것으로 보인다.

산업적 측면에서도 COSM의 등장은 엔터테인먼트 기업들에게 새로운 기준을 제시한다. 관객에게 극강의 몰입 경험을 제공하는 일이 더 이상 선택이 아닌 필수 요소가 되고 있다. 3D, 4D, VR, AR 등 체험형 콘텐츠가 주류로 부상해온 흐름을 고려할 때, COSM이 구현한 '공유 현실', 즉 실제 공간의 물리적 요소와 디지털 기술이 융합된 초현실적 집단 경험은 2030년대 이후 엔터테인먼트가 지향할 이상적인 형태 중 하나로 자리 잡을 가능성이 크다.

이처럼 COSM의 개장은 할리우드 파크를 단순한 관광 명소를 넘어, 미래 엔터테인먼트의 실험장이자 혁신의 거점으로 탈바꿈시켰다. 몰입형 기술은 향후 더욱 빠르게 진화할 것이며, 관객은 더욱 풍부하고 상호작용적인 경험을 누릴 수 있을 것이다. 무거운 장비 없이도 친구나 가족과 함께 한 공간에서 공연을 감상하고, 세계 각지의 스포츠 경기를 현지 팬들과 실시간으로 공유할 수 있는 시대가 현실로 다가오고 있다.

COSM이 보여주는 '공유 현실'의 잠재력은 엔터테인먼트 산업 전반에 걸쳐 혁신을 불러올 것이 확실시된다. 180도 초고해상도 돔 스크린의 표준화와 인터랙티브 기술의 접목을 통해, 관객이 단순한 관람자를 넘어 콘텐츠의 '공동 창작자'로 참여할 가능성도 열리고 있다. 이는 영화, 스포츠, 공연뿐 아니라 교육, 의료, 기업 행사 등 다양한 분야에서 응용될 여지가 크며, 인간이 공간과 정보를 주고받는 방식 자체를 근본적으로 재편할 것이다.

이렇듯 몰입형 엔터테인먼트의 대표적 사례로 손꼽히는 COSM은, 개장 이후 꾸준히 방문객들의 관심을 모으며 미래 엔터테인먼트의 진로를 제시하고 있다. 2024년 8월에 문을 연 이 혁신적 공간이 앞으로 어떤 새로운 콘텐츠와 기술로 대중의 감각과 사고를 바꾸어 나갈지, 세계인의 관심이 집중되고 있다.

새로운 비즈니스 모델과 산업 구조의 변화

2030년에는 넷플릭스, 왓챠, 유튜브 등에서 이미 활용되고 있는 AI 기반 콘텐츠 추천 기술이 한층 더 정교해질 것으로 보인다. 단순히 '선호하는 장르'에 머무르지 않고, '오늘의 기분'이나 '함께 시청하는 사람' 같은 맥락 정보까지 실시간으로 분석해, 보다 정밀하게 큐레이션된 콘텐츠를 제공하게 된다. 특히 AI를 활용해 열정적인 팬층인 슈퍼팬을 대상으로 맞춤형 서비스를 제공하는 경우, 부가 수익을 창출할 가능성이 높다.

맞춤형 콘텐츠의 극단적 진화

이처럼 팬덤의 열정과 소비력을 기반으로 한 새로운 수익 구조가 형성되면서, 슈퍼팬 비즈니스가 엔터테인먼트 산업의 핵심으로 떠오르고 있다. 주지했듯이, 슈퍼팬은 자신이 좋아하는 크리에이터, 콘텐츠, 음악 등에 일반 팬보다 훨씬 많은 시간과 비용을 투자한다. 구독과 스트리밍 중심의 경쟁이 어느 정도 정리된 2030년에는 바로 이 슈퍼팬이 더 많은 콘텐츠를 시청하고 활발히 소비하면서 엔터테인먼트 시장을 주도하는 주체가 될 것으로 보인다.

사용자가 원하는 주제, 장르, 배우, 음악 스타일 등을 입력하면 AI가 이에 맞는 요소들을 종합해 거의 실시간으로 콘텐츠를 생성, 편집, 서비스하는 '온디맨드 제작' 모델도 확산될 전망이다. 이는 시청자의 취향에 최적화된 초개인화 콘텐츠 제공 방식으로, 보다 다양하고 몰입도 높은 시청 경험을 가능하게 만든다.

플랫폼 중심의 비즈니스 확산

전통적인 영화사와 방송사들은 생존을 위한 전략으로 직접 스트리밍 플랫폼을 구축해 자사 중심의 생태계를 만들거나, AI 및 IT 기업과 제휴해 경쟁력을 강화하려는 움직임을 보일 것으로 예상된다. 특히 오리지널 콘텐츠 확보와 플랫폼 독점권 강화는 향후 시장에서의 지위를 유지하고 확장하는 핵심 요소로 작용할 것이다.

광고 모델과 수익 구조 역시 변화하고 있다. 개인화된 광고 기술이 더욱 정교해지면서, 광고주는 시청자의 상황과 맥락을 정밀하게 파악해 콘텐츠 내 광고 노출 방식을 차별화할 수 있게 된다. 콘텐츠 보유자와 광고주 간의 직접 거래가 증가함에 따라, 새로운 형태의 광고 생태계가 형성될 가능성도 크다. 실제로 넷플릭스는 2025년 CES에서 맥락 기반 광고(contextual ad product)를 본격 도입하겠다고 발표한 바 있다. 이 방식은 사용자가 시청 중인 콘텐츠나 웹페이지의 맥락을 분석해 관련성 높은 광고를 노출하는 기법으로, 특히 커넥티드TV(CTV) 환경에서 널리 활용되고 있다. 한 광고 대행사 임원은 디지데이와의 인터뷰에서 "넷플릭스는 프로그래매틱 역량, 오디언스 타겟팅, 닐슨 원(Nielsen One) 기반의 측정 시스템 등에서 2025년 상반기 매우 공격적이고 인상적인 로드맵을 보유하고 있었다"고 평가했다.

크리에이터 경제의 재편

AI가 제공하는 다양한 창작 도구가 발전함에 따라 개인 창작자들이 저비용·고효율로 고품질 콘텐츠를 제작할 수 있는 환경이 보편화되고 있다. 예를 들어, 1인 유튜버나 팟캐스터는 AI 기반의 그림 생성, 영상 편집, 작곡 프로그램 등을 활용해 빠르게 완성도 높은 콘텐츠를 생산할 수 있다. 유튜브는 2025년 1월, 창립 20주년을 맞아 자사 블로그를 통해 크리에이터 지원용 AI 도구(통역, 영상 제작 등)를 확대하겠다고 밝힌 바 있으며, 이미 자동 추천, 자막 생성, 유해 콘텐츠 필터링 등 다양한 분야에 AI 기술을 적용해왔다. 생성형 AI를 활용한 쇼츠 배경, 음악 트랙, 썸네일, 영상 제목 자동 제작 기능도 확장 중이며, 드림 스크린(Dream Screen), 드림 트랙(Dream Track), Veo 2(생성형 비디오 AI) 등 다양한 도구가 도입되고 있다.

이러한 기술 발전은 개인 창작자의 영향력을 비약적으로 확장시킬 것으로 보인다. 고성능 AI 솔루션의 보급으로 개인 창작자와 대형 스튜디오 간 격차가 크게 줄어들고, 1인 미디어의 양적·질적 성장이 본격화될 것이다. 이는 기존의 '톱다운(Top-Down)' 방식 중심이던 콘텐츠 생산 구조가, 개별 창작자 중심의 '보텀업(Bottom-Up)' 생태계로 전환되는 흐름을 의미한다. 특히 AI 기술을 적극 활용하는 1인 크리에이터는 프리미엄 콘텐츠 사업자에게 위협이 될 만큼 경쟁력을 갖출 가능성이 크다. AI는 아이디어 브레인스토밍, 자동 번역, 자동 더빙 등의 기능을 통해 창작 과정을 획기적으로 효율화하며, 언어 장벽도 점차 해소되고 있다. 실제로 유튜브의 조사에 따르면, AI 기반 다국어 더빙 기능을 사용했을 때 전체 시청 시간의 40% 이상이 새롭게 추가된 언어의 더빙으로 발생한 것으로 나타났다.

한국 엔터테크 산업, 어디까지 왔나

한국 엔터테크 산업은 콘텐츠 경쟁력과 첨단 기술의 융합을 기반으로 급속한 성장을 이어가고 있다. K-팝, K-드라마, 웹툰, 게임 등 한류 콘텐츠의 글로벌 인기에 힘입어, 한국은 기존 콘텐츠 강국에서 기술 주도형 엔터테인먼트 혁신국으로 전환 중이다. 디지털 전환(Digital Transformation)의 가속화는 산업 구조 전반에 변화를 가져오며, 엔터테인먼트는 단순한 감상의 영역에서 기술 기반의 참여형, 몰입형 경험으로 진화하고 있다.

엔터테크는 콘텐츠의 제작, 유통, 소비 방식을 근본적으로 바꾸는 기술 전반을 아우르는 개념이다. 대표적으로 VR/AR, AI, 스트리밍, 게임 엔진, 디지털 특수효과(VFX), 메타버스 플랫폼, 블록체인 기반의 팬 경제 시스템 등이 해당되며, 이들 기술은 독립적으로 작동하기보다는 서로 융합되어 시너지를 창출하는 방식으로 발전하고 있다. 각 기술은 콘텐츠의 몰입도, 접근성, 상호작용성을 높이며, 팬과 창작자 간의 새로운 관계 형성을 가능하게 한다.

이러한 기술 융합의 대표 사례로 SM엔터테인먼트의 'KWANGYA 유니버스'가 있다. 이 프로젝트는 메타버스 기술을 활용해 독자적인 가상 세계관을 구축하고, 이를 통해 아티스트 IP의 확장성과 지속 가능성을 모색하는 시도다. KWANGYA는 음악과 뮤직비디오, 공연을 넘어 웹툰, 게임, NFT 등의 영역으로도 확장될 수 있는 플랫폼적 가능성을 지니고 있으며, 엔터테인먼트 콘텐츠가 하나의 세계관 아래 유기적으로 연결되는 'IP 유니버스화' 전략의 대표적인 사례로 주목받고 있다.

한국 엔터테크의 강점과 경쟁력

한국이 글로벌 엔터테크 시장에서 선도적 위치를 점할 수 있는 이유는 콘텐츠, 기술력, 문화적 수용성, 팬덤, 그리고 정책적 지원이라는 다섯 가지 핵심 경쟁력에 기반한다.

한국은 다양한 콘텐츠 IP를 기반으로 글로벌 영향력을 확보하고 있다. K-팝, K-드라마, 웹툰, 게임 등 한국의 콘텐츠는 이미 세계 시장에서 높은 인지도와 경쟁력을 자랑하고 있다. 특히 BTS, 블랙핑크 같은 아티스트는 글로벌 팬덤의 높은 충성도와 참여도를 이끌어내는 등 산업 전반의 경쟁력을 뒷받침하고 있다. 웹툰 산업 역시 네이버 웹툰, 카카오페이지 등의 플랫폼을 중심으로 북미, 유럽, 동남아 등지에 활발히 서비스되며 시장을 선도하고 있다. 이처럼 강력한 IP는 신기술을 적용하고 검증할 수 있는 테스트베드 역할을 하며, 기술과 콘텐츠가 결합된 혁신의 중심이 된다.

세계 최고 수준의 IT 인프라와 기술력도 한국에서 엔터테크 산업이 발전할 수 있는 든든한 기반이 되고 있다. 빠른 인터넷 속도, 높은 스마트폰 보급률, 5G 상용화, 클라우드 기반 인프라 등은 고품질 디지털 콘텐츠의 제작과 소비를 뒷받침한다. 특히 XR, 메타버스, AI 등 대용량 데이터가 필요한 기술의 상용화에도 유리한 조건을 제공한다. 삼성, LG, SK 같은 대기업은 물론, 네이버와 카카오 등 플랫폼 기업들도 AI, 메타버스, 클라우드 등에 적극적으로 투자하고 있다. 그중 네이버 자회사인 '네이버 Z'의 메타버스 플랫폼 '제페토'는 전 세계 이용자 3억 명을 확보하며 가상 콘서트, 가상 패션쇼 등 새로운 경험을 제공하고 있다.

신기술을 빠르게 수용하는 소비자 문화도 중요한 강점이다. 한국 소비자들은 전통적으로 얼리어답터 성향이 강해 새로운 기술과 서비스를 빠르게 체험하고 확산시킨다. 이로 인해 AR 필터 기반 SNS 마케팅, 버추얼 인플루언서, NFT 기반 디지털 굿즈 등 새로운 트렌드가 시장에 빠르게 적용되고 실효성을 검증받는다. 이러한 민감한 수용성은 신기술 실험과 확산에 유리한 환경을 조성한다.

조직화된 팬덤 문화는 새로운 비즈니스 모델을 실현할 수 있는 강력한 동력이다. K-팝 팬덤은 단순한 소비자에 그치지 않고, 콘텐츠 기획과 유통, 마케팅에 직접 관여하는 '프로슈머'로서의 역할을 수행하고 있다. 팬-아티스트 연결 플랫폼, 크라우드 펀딩, 팬 참여형 콘텐츠 등이 대표적이며, 이 구조는 디지털 굿즈나 NFT 사업과도 자연스럽게 연결된다. 특히 하이브의 '위버스'는 2024년 3분기 기준 누적 다운로드 1.6억 회, 월간 활성 이용자 970만 명, 연간 거래액 1조 5,000억 원을 기록하며 대표적 성공 사례로 자리 잡았다. 한국국제교류재단의 2024년 글로벌 한류 실태 조사에 따르면, K-팝 팬들은 타 장르 팬보다 관련 굿즈와 디지털 콘텐츠에 평균 2.8배 많이 지출하는 것으로 나타났다.

정부의 정책적 지원과 규제 혁신 역시 글로벌 경쟁력을 뒷받침하는 요소다. 한국 정부는 콘텐츠 산업을 국가 핵심 성장 동력으로 삼고, 이에 따라 다양한 정책적 지원을 제공하고 있다. 메타버스, 디지털 자산, 가상 콘텐츠 등 새로운 영역에 대해 규제 샌드박스를 운영하고 있으며, 새로운 기술 기반 서비스가 실험되고 성장할 수 있는 제도적 환경을 조성하고 있다. 이러한 정책은 기업의 기술 개발과 비즈니스 모델 구축의 제도적 버팀목으로 작용한다.

엔터테크 산업의 주요 특징 및 현재 기술 트렌드

한국 엔터테크 산업의 핵심 특징 중 하나는 IP 중심의 비즈니스 모델 고도화다. K-팝 아티스트, 웹툰, 드라마 등 강력한 IP를 다양한 형태로 확장하고 수익화하는 '원소스 멀티유즈(OSMU)' 전략이 정착되고 있다. 2024년 이후부터는 단순한 콘텐츠 전환 수준을 넘어, 확장된 세계관(유니버스) 내에서 다양한 스토리와 캐릭터가 유기적으로 연결되는 'IP 유니버스화' 전략이 두드러졌다.

팬과 아티스트를 직접 연결하는 디지털 플랫폼의 진화는 엔터테인먼트 산업 구조를 크게 바꿔놓았다. 위버스, 메이크스타, 프롬, 버블 등의 플랫폼은 팬 커뮤니티, 독점 콘텐츠, 실시간 소통, 전자상거래 기능을 통합해 팬 경험을 전방위로 확대하고 있다. 최근에는 이러한 플랫폼들이 팬의 생활 전반을 아우르는 '팬 라이프스타일 플랫폼'으로 자리 잡는 흐름이 나타나고 있다. 하이브의 위버스의 경우에는 커뮤니티, 커머스, 티켓팅, 멤버십, 미디어 콘텐츠를 통합한 올인원 서비스를 제공하며 '엔터테인먼트 슈퍼앱'으로 진화했다. 이와 함께, 디지털 콘텐츠, 구독 모델, 마이크로 트랜잭션 등을 중심으로 수익 구조를 다각화하여 기업의 수익 안정성과 팬과의 장기적 관계 구축을 강화하고 있다.

실감형 콘텐츠 기술의 성장은 콘텐츠 소비의 몰입도와 상호작용성을 비약적으로 향상시키고 있다. XR, 홀로그램, 실시간 렌더링, 햅틱 등의 기술이 성숙하면서 상업적으로 성공한 콘텐츠가 본격적으로 등장하기 시작했다.

SM엔터테인먼트는 AR·VR 기반 하이브리드 공연을 선보였고, 에스파(aespa)의 '사이버 공연'은 실시간으로 가상 아바타와 실제 무대가 결합된 새로운 형식을 시도했다. 네이버 Z의 '제페토 라이브'는 메타버스 기반 가상 콘서트 서비스를 제공하여 아바타로 입장하고 굿즈를 구매하는 새로운 참여 경험을 가능하게 했다. 메이크스타는 AR이 적용된 포토카드를 출시해 오프라인 앨범의 가치를 인터랙티브한 디지털 경험으로 확장했다. 이러한 기술은 시공간의 제약을 허물며, 온라인에서도 오프라인 수준, 혹은 그 이상의 콘텐츠 경험을 제공할 수 있는 해법으로 주목받고 있다.

AI 기술의 도입은 콘텐츠 제작 과정 전반에도 구조적 혁신을 일으키고 있다. 특히 생성형 AI의 발전은 음악 작곡, 안무 개발, 영상 편집, 스토리 구조화 등 다양한 분야에서 생산성과 창의성을 동시에 끌어올리고 있다. 2024년부터는 창작 보조도구로서의 'AI 어시스턴트'가 본격적으로 활용되기 시작했다. 네이버 웹툰은 자동 채색, 배경 생성, 스타일 변환, 글자 입력 자동화 등 기능을 도입하여 작가들이 창의적 작업에 집중할 수 있는 환경을 제공한다. 주간 연재 작품의 제작 시간을 평균 30% 단축시킨 사례도 보고되었다. AI의 도입은 창작자의 부담을 줄이는 동시에, 실험성과 일관성을 확보해 콘텐츠 전반의 질을 높이는 데 기여하고 있다.

데이터 기반 비즈니스 인텔리전스는 전략적 의사결정의 핵심 도구로 부상하고 있다. 팬 활동 데이터와 콘텐츠 소비 패턴 분석을 통해 기업은 보다 정밀하고 과학적인 의사결정을 내릴 수 있게 되었고, 이는 글로벌 시장에서 경쟁력을 갖추는 필수 요소가 되고 있다. 과거 경험과 직관 중심의 판단 방식에서 벗어나, 데이터 분석을 기반으로 지역별 선호도, 트렌드, 문화적 특성을 반영한 맞춤형 전략이 가능해졌다.

글로벌 확장과 현지화 전략은 한국 엔터테크 기업들이 주요 글로벌 플레이어로 자리 잡는 데 기여하고 있다. 이들은 단순히 콘텐츠를 수출하는 차원을 넘어서 현지 시장에 맞춘 플랫폼, 포맷, 서비스 모델을 적극적으로 개발하고 있다. 네이버 웹툰은 글로벌 창작 생태계를 구축하여 현지 작가가 자발적으로 작품을 공유하고, 인기작은 정식 연재로 이어지는 구조를 만들고 있다. CJ ENM은 한국 예능 포맷을 미국, 유럽 등지에 성공적으로 현지화하고 있으며, NBC의 〈The Masked Singer〉와 같은 장수 프로그램으로도 자리 잡았다. 현지 인재와의 협업, 문화적 적응력, 기술 기반 서비스가 이와 같은 성공을 뒷받침했다.

디지털 경제시스템의 구축은 팬 참여형 경제 모델로 엔터테인먼트 산업의 구조를 다시 쓰고 있다. NFT, 디지털 멤버십, 블록체인 기반 소유권, 가상 화폐 등은 팬이 소비자를 넘어 투자자, 공동 기획자로 참여하는 '크리에이터 이코노미'를 가능하게 만들고 있다. 하이브의 'MOMENTICA'는 NFT 기반 디지털 컬렉터블 플랫폼으로, 아티스트의 공연, 뮤직비디오, 사진 등을 디지털 카드로 발행하여 희소성과 소유권을 부여한다. 메이크스타의 '팬 펀딩 시스템'은 팬이 앨범·콘서트·다큐멘터리 제작에 직접 참여해 보상을 받는 구조로, 콘텐츠 제작 과정에 팬의 영향력이 직접 반영된다. 이러한 시스템은 팬과 아티스트의 관계를 재정의하고, 기업에는 새로운 수익모델과 마케팅 채널을 제공하는 동시에 콘텐츠의 가치 분배 방식에 혁신을 가져다준다.

한국 엔터테크 산업 트렌드

초개인화된 팬 경험은 엔터테인먼트 산업의 비즈니스 모델을 근본적으로 바꿀 전망이다. 매스 마케팅에서 개인 맞춤 마케팅으로, 획일적 콘텐츠에서 1:1 기반 맞춤형 콘텐츠로의 전환은 팬들의 충성도와 참여도를 높이는 동시에 기업의 수익성과 지속 가능성을 강화할 것이다. 맥킨지(McKinsey & Company)의 '2025 엔터테인먼트 산업 전망' 보고서에 따르면, 초개인화 전략을 도입한 기업은 그렇지 않은 기업에 비해 고객 생애 가치가 평균 75%나 높고, 팬 1인당 연간 지출액도 2.3배 높은 것으로 예측되었다. 이는 초개인화 전략이 핵심 경영 전략으로 부상하고 있음을 시사한다.

디지털과 물리적 경험의 융합은 피지털(Phygital)이라는 새로운 흐름으로 자리 잡고 있다. XR, 홀로그램, 햅틱 기술의 발전으로 디지털 콘텐츠와 물리적 공연의 경계가 흐려지고 있다. CJ ENM은 물리적 공연장을 정밀하게 디지털화하는 시스템을 개발하고 있으며, 3D 스캐닝, 모션 캡처, 공간 오디오 등을 통해 온라인 참여자에게도 현장과 동일한 경험을 제공하고 있다. 이제는 한발 더 나아가 온라인 참여자의 반응이 실시간으로 공연장에 전달되어 양방향 소통까지 가능해지고 있다. 이와 같은 피지털 트렌드는 팬과 콘텐츠 사이의 상호작용을 혁신적으로 확대하며, 시공간의 제약 없이 몰입형 경험을 가능하게 할 것이다.

버추얼 엔터테인먼트는 기술 발전과 함께 점차 산업의 주류로 자리 잡고 있다. AI와 실시간 렌더링 기술을 바탕으로 버추얼 아티스

■ 피지털 주요 사례

분야	피지털 적용 예시
유통	아마존 고(무인매장), 이마트24 스마트점, 언커먼스토어(무인결제)
패션·뷰티	오프라인 피팅 후 QR 코드로 온라인 구매, AR 가상 메이크업 체험
F&B·카페	스타벅스 사이렌 오더(앱 주문 후 매장 픽업), 스마트 키오스크
문화·전시	박물관·도서관의 AR/VR 체험, 온라인·오프라인 연계 전시
도서·출판	종이책+e북 연동, 디지털 콘텐츠와 연계된 체험형 서점

트, 디지털 휴먼, 가상 인플루언서가 실존 아티스트와 유사한 역할을 수행하고 있다. 블래스트의 버추얼 아이돌 그룹 '플레이브'는 각 멤버의 성격, 음악적 특성 등을 학습해 팬 피드백을 기반으로 창작 방향을 조정하는 모델을 적용하고 있으며, 이는 '팬 참여형 생성 시스템'으로 주목받고 있다. 펄스나인의 가상 인플루언서 '로지'는 소셜미디어 활동을 넘어 예능, 광고, 팟캐스트 MC 등으로 활동 영역을 넓히고 있으며, 생방송 중 실시간 대화가 가능한 AI 기반 기능도 탑재될 예정이다. 이는 창작 방식, 아티스트-팬 관계, 비즈니스 구조 전반을 변화시키며, 물리적·인적 자원의 한계를 뛰어넘는 새로운 가능성을 제시한다.

 이 같은 기술 기반 위에서 아티스트와 팬의 관계는 '소비자'와 '창작자'에서 '동등한 파트너'로 변화하고 있다. 블록체인, NFT, 팬 펀딩 등은 팬이 콘텐츠 제작 과정에 투자하고 그 가치를 함께 나누는 시스템을 구축하고 있다. 앞으로는 참여 방식이 더욱 다양화되고, 경제적 가치의 공유 구조도 더욱 정교해질 전망이다.

AI 기반 창작은 엔터테인먼트 산업의 일상적 제작 방식으로 자리 잡을 것이다. 생성형 AI 기술은 음악 작곡, 안무 설계, 영상 편집, 비주얼 디자인 등에서 반복적이고 기술적인 작업을 대체하거나 보조하고 창작자의 시간과 역량을 보다 창의적인 작업에 집중할 수 있게 돕는다. 이는 실험적 차원을 넘어 점차 표준화된 제작 방식으로 정착할 가능성이 크다.

글로벌과 로컬의 균형 전략도 고도화될 것이다. 한국 엔터테크 기업들은 글로벌 플랫폼을 구축하는 동시에 각 지역의 문화와 팬 성향에 맞춘 '글로컬(Glocal)' 전략을 추진 중이며, AI와 빅데이터 기술을 통해 이러한 현지 맞춤 전략을 더욱 정교하게 발전시킬 계획이다.

지속가능한 엔터테인먼트 생태계 구축은 ESG 관점에서 기업 경영의 핵심 의제가 될 전망이다. 친환경 기술 활용, 사회적 책임 수행, 팬과 아티스트의 웰빙을 고려한 운영 방식 등이 중시되며, 엔터테인먼트 기업의 지속가능성, 투자 유치, 브랜드 이미지 측면에서도 필수 요소로 자리 잡고 있다.

한국 엔터테크 산업의 미래

한국 엔터테크 산업은 IP 경쟁력, 기술 역량, 창의적 모델을 바탕으로 세계 시장에서 주도권을 확보하고 있으며, 2025~2026년에는 다음 다섯 가지 방향으로의 도약이 전망된다.

첫째, 기술과 콘텐츠의 융합은 전방위적으로 심화될 것이다. AI,

XR, 블록체인, 메타버스 등 첨단 기술은 단순한 보조 수단이 아닌 콘텐츠의 창작, 제작, 유통, 소비 전 과정에 깊숙이 통합될 것이다. 특히 생성형 AI의 발전은 콘텐츠 생산의 속도와 다양성을 획기적으로 향상시키는 동시에, 창작자의 역할을 보완하고 창의의 범위를 확장하는 새로운 창작 환경을 조성할 것이다.

둘째, 팬 중심의 비즈니스 모델은 산업의 새로운 표준이 될 것이다. 팬은 더 이상 수동적 소비자가 아닌, 콘텐츠 기획, 제작, 투자, 마케팅 등 가치사슬 전반에 능동적으로 참여하는 파트너로 자리 잡을 전망이다. 초개인화된 경험, 참여형 경제 구조, 공동 창작 플랫폼 등의 확산은 아티스트와 팬, 기업 간의 관계를 더욱 입체적이고 지속 가능한 방향으로 재편할 것이다.

셋째, 물리적 경험과 디지털 경험의 경계는 더욱 희미해질 것이다. XR, 홀로그램, 햅틱 기술의 발전은 가상과 현실을 유기적으로 연결하며, 하이브리드형 콘텐츠 경험을 일상화할 것이다. '피지털' 전략은 오프라인 현장의 몰입감과 온라인의 확장성·접근성을 결합해, 팬들에게 더 풍부하고 유연한 콘텐츠 소비 환경을 제공하게 될 것이다.

넷째, 글로벌-로컬 전략은 AI와 데이터 기반 기술을 활용해 더욱 정교하게 진화할 것이다. 글로벌 플랫폼과 IP를 확보한 한국 엔터테크 기업들은 각 지역의 문화적 맥락과 팬 선호를 정확히 분석하고, 그에 맞춘 맞춤형 서비스를 제공하는 '글로컬라이제이션' 전략을 강화할 것이다. 이는 글로벌 시장에서 지속적인 경쟁 우위를 확보하기 위한 핵심 역량이 될 것이다.

다섯째, 지속가능성은 산업의 핵심 가치로 부상할 것이다. 환경친화적 기술 적용, 사회적 책임 실천, 포용성과 웰빙을 고려한 콘텐츠 제작과 경영철학이 브랜드 신뢰도와 장기적인 수익성에 직결되는 전략적 가치로 자리 잡을 것이다. ESG 요소는 투자자와 소비자 모두에게 중요한 판단 기준으로 작용하게 될 것이다.

한국의 엔터테크 산업은 2025~2026년을 기점으로 기술과 문화, 팬과 창작자의 경계를 넘나드는 새로운 패러다임을 선도할 것으로 기대된다. 콘텐츠 IP, 첨단 기술, 혁신적 사업 모델, 글로벌 시장에 대한 깊은 이해를 기반으로 콘텐츠 수출국에서 세계 엔터테인먼트 산업의 미래를 설계하고 이끌어가는 주도국으로의 전환을 가속할 것이다. 기술 중심의 혁신과 인간 중심의 가치가 조화를 이루는 '다음 세대 엔터테인먼트'의 새로운 기준이 한국에서 시작되기를 기대한다.

K-엔터테크 허브,
서울

전 세계 엔터테크 시장이 빠르게 성장하고 있다. 딜로이트 글로벌의 조사에 따르면, 세계 엔터테인먼트 & 미디어 시장은 2032년에 6조 달러 규모에 이를 것으로 전망된다. 이는 해마다 10%에 가까운 성장률을 기록할 것으로 보인다는 뜻이다. 이와 동시에, AI, 메타버스 등 엔터테인먼트의 부가가치를 높이는 기술 기반 산업, 즉 엔터테크 시장 역시 성장할 것이 자명하다.

세계 엔터테크 시장의 확대와 함께 한국 역시 성장할 수밖에 없는 구조다. 이는 하이브, CJ ENM 등 국내 대표 엔터테크 기업들의 가파른 성장세에서도 확인할 수 있다. 2023년 한국 엔터테크 산업 규모는 39조 원을 돌파한 것으로 보인다. 이 수치는 모바일 게임, 웹툰, 스트리밍, K-팝, 몰입형 엔터테인먼트 등과 관련된 기업 및 협회에

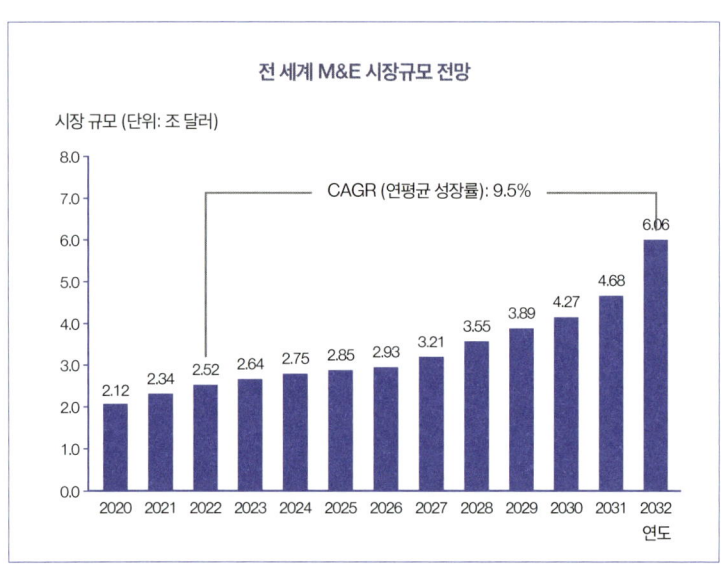

세계 미디어 & 엔터테인먼트 시장 규모 (출처: 딜로이트)

서 발표한 산업 전망치를 종합해 산출한 것이다.

한류 확산 역시 엔터테크를 중심으로 이루어지고 있다. 2024년 10월 서울 코엑스에서 열린 '디지털 혁신 페스타 2024' 세부 세미나에서는, 동남아시아 지역에서 한류 확산의 핵심 요인으로 엔터테크 기술이 가장 중요한 역할을 하고 있다는 분석이 제기되었다. 특히 젊은 세대에게 K-콘텐츠는 엔터테크를 통해 전달되고 있다.

베트남 공영 방송과 연예 프로그램을 공동 제작한 이선우 JTBC PD는 "〈파라다이스 아일랜드〉는 방송이 끝난 뒤 유튜브 등을 통해 온라인으로 제공되는데, 이때부터 본격적으로 온라인 팬덤이 형성되고, 소셜 댓글과 콘텐츠 확산이 일어난다."라고 이야기했다.

이 콘텐츠는 베트남 합작 콘텐츠 역사상 가장 많은 온라인 클릭 수를 기록했다. 실제로 엔터테크와 소셜미디어의 발전 덕분에 K-콘텐츠는 빠르게 세계 시장에 확산되고 있다. 아이돌 그룹의 콘텐츠가 세계 각국에서 실시간으로 소비되고 있으며, 소셜미디어에서도 외국 팬들의 적극적인 참여가 두드러지고 있다.

서울, 엔터테크 허브의 중심

한국의 엔터테크 산업이 세계적인 주목을 받고 있는 지금, 그 핵심 동력이 어디서 나오는지 생각해보면 단연 서울이라는 도시가 떠오른다. 하이브, CJ ENM, 네이버웹툰 등 대표적인 K-엔터테크 기업들이 모여 있는 이곳은 한국에서 창업하는 스타트업의 80%가 자리잡고 있는 창의적 에너지의 집결지이기도 하다. 그동안 많은 이들이 미국 LA를 글로벌 엔터테인먼트 산업의 중심지로 여겨왔다. 할리우드를 중심으로 한 영화, 드라마, 디지털 콘텐츠의 본산지라는 점에서 타당한 평가였다. 그러나 현재 엔터테인먼트 산업의 지형도는 빠르게 변화하고 있다. 할리우드의 레거시 미디어들이 소셜 미디어, 스트리밍 서비스, K-콘텐츠와 같은 새로운 흐름에 주도권을 내어주고 있는 상황에서, 미래의 엔터테크 허브는 기존과는 다른 모습으로 재편될 가능성이 크다.

K-콘텐츠가 스트리밍 플랫폼과 VR, XR, AI 기술의 결합으로 세계

주류 문화로 자리매김한 것처럼, 서울 역시 이러한 엔터테크 시대의 새로운 중심지로 부상할 수 있는 잠재력을 가지고 있다. 특히 주목할 점은 진정한 허브의 힘은 단순한 이름이나 명성이 아닌 실질적인 규모와 영향력에서 비롯된다는 사실이다.

엔터테크 산업의 가장 큰 매력 중 하나는 그 파급효과가 엔터테인먼트 영역을 넘어 관광, 교육 등 다양한 분야로 확산된다는 점이다. K-콘텐츠에 열광하는 전 세계 팬들이 한국을 직접 방문하고, 한국의 기업과 문화를 배우려는 움직임이 계속 증가하고 있다. 역사적 유물부터 세계적 수준의 공연장, 다채로운 볼거리가 공존하는 서울은 이러한 문화적 확산력을 만들어내는 핵심 거점으로 발돋움하고 있다.

서울의 엔터테크 산업 지형을 보다 자세히 들여다보면, 특히 강남을 중심으로 다양한 엔터테크 기업들이 밀집해 있음을 알 수 있다. 이들 기업은 게임, 음악, 영화, 방송, 공연, 네트워킹, 푸드 등 K-콘텐츠를 구성하는 여러 요소들을 기술적으로 구현하는 데 주력하고 있으며, 최근에는 AI를 중심으로 한 혁신적인 시도들이 더욱 확산되는 추세다.

글로벌 엔터테크 허브를 위한 조건

이미 엔터테크 허브로 나아가기 위한 기반을 다져가고 있지만, 지속적인 지원과 전략적 발전이 필요하다. 서울이 글로벌 엔터테크 허브로 자리매김하기 위해서는 다음과 같은 다섯 가지 조건이 충족되어야 한다.

첫째, 글로벌 K-콘텐츠 리더십을 더욱 강화해야 한다. 현재 한류의 인기에 안주하기보다는 지속 가능한 콘텐츠 생태계를 구축하고, 새로운 장르와 형식의 콘텐츠를 끊임없이 개발해 나가야 한다. 둘째, 첨단 기술과 엔터테인먼트의 융합을 가속화해야 한다. AI, VR, XR 등 최신 기술을 콘텐츠 제작과 소비 경험에 적극적으로 도입하고, 이를 통해 차별화된 가치를 창출해야 한다. 셋째, 풍부한 IT 및 스타트업 생태계를 발전시켜야 한다. 혁신적인 아이디어가 실제 비즈니스로 성장할 수 있는 환경을 조성하고, 다양한 분야의 스타트업들이 서로 협력하며 시너지를 낼 수 있도록 지원해야 한다. 넷째, 서울시와 중앙정부 차원의 체계적인 지원과 인프라 구축이 필요하다. 엔터테크 산업의 특성을 고려한 맞춤형 정책과 재정적 지원은 물론 물리적·제도적 인프라를 확충해야 한다. 다섯째, 세계적인 협력 네트워크를 구축해야 한다. 글로벌 엔터테인먼트 기업들과의 파트너십을 강화하고, 국제적인 인재 교류와 공동 프로젝트를 활성화해야 한다.

현재 서울은 위 조건들을 대부분 갖추고 있다. 그러나 세계적 기업들의 전략과 노하우를 벤치마킹하고, 국제적 네트워크를 강화하는 노력이 추가적으로 요구된다. 아울러 엔터테크 산업의 규모를 보다 정밀하게 파악하고, 이에 걸맞은 정책적 지원과 글로벌 플랫폼 구축도 필요하다.

서울, 엔터테인먼트의 중심 도시

서울은 K-팝, K-드라마, 영화, 게임 등 한국 엔터테인먼트 산업의 중심지다. SM, YG, JYP, HYBE 등 주요 콘텐츠 기업과 제작 스튜디오가 대부분 서울에 위치해 있으며, 이들은 세계 시장을 겨냥한 콘텐츠를 활발히 제작하고 있다.

서울에서의 엔터테크 혁신은 더 이상 선택이 아닌 필수다. 전통적 콘텐츠 제작뿐 아니라, 메타버스 공연, 디지털 콘서트, AI 기반 콘텐츠 제작 등 첨단 엔터테인먼트 기술의 적용에서도 서울은 선도적인 위치를 차지하고 있다.

IT 인프라와 기술력

서울은 세계 최고 수준의 IT 인프라를 보유한 도시다. 5G 상용화, 고속 인터넷, 클라우드 컴퓨팅, 대용량 데이터 처리 능력 등 몰입형 콘텐츠(메타버스, VR, AR), 실시간 스트리밍, AI 기반 기술이 요구하는 환경을 완벽히 갖추고 있다.

이러한 기술 기반 덕분에 서울은 메타버스 공연, 버추얼 아이돌 등 혁신적인 엔터테크 실험이 가장 먼저 이루어지는 도시가 되고 있다. 서울의 엔터테크 인프라는 연관된 산업 발전의 핵심 기반이라 할 수 있다.

엔터테인먼트와 IT의 융합

서울은 IT 기업과 엔터테인먼트 기업이 밀집해 있는 지역이다. IT

기업들이 엔터테인먼트 산업과 협력하여 다양한 기술 융합 서비스를 개발할 수 있는 환경이 조성되어 있다. 특히 네이버, 카카오, 삼성과 같은 글로벌 기술 기업들이 AI, VR, 메타버스 등 첨단 기술을 콘텐츠 제작, 유통, 소비 전반에 접목하며 엔터테인먼트 산업과 긴밀히 협력하고 있다. 이러한 산업 간 협력은 서울을 엔터테크 중심지로 만드는 핵심 요소다.

정책적 지원

서울시는 엔터테크 산업 성장을 위해 다양한 정책적 지원을 제공하고 있다. 서울산업진흥원(SBA)과 콘텐츠 관련 진흥 기관들이 엔터테크 기업 육성과 글로벌 시장 진출을 적극적으로 지원하고 있으며, 서울시의 스타트업 육성 프로그램 등은 신생 기업들이 빠르게 성장할 수 있는 발판을 마련해주고 있다. 이는 서울이 엔터테크 혁신을 주도할 수 있게 만드는 중요한 이유 중 하나다.

세계 팬들과의 연결성

서울은 K-팝과 K-콘텐츠를 사랑하는 전 세계 팬들을 끌어들이는 주요 거점이다. 이 같은 팬덤 이코노미는 엔터테크 산업에서 큰 비중을 차지한다. 디지털 팬미팅, 버추얼 팬 경험, 라이브 스트리밍 서비스 등이 서울을 중심으로 빠르게 확산되고 있으며, 특히 메타버스 같은 가상 플랫폼에 K-팝 팬들이 아티스트와 실시간으로 소통할 수 있는 공간이 마련되고 있다.

인재와 교육 인프라

서울은 대한민국 최고 수준의 인재와 교육 인프라가 집중된 도시다. 서울대학교, 고려대학교, 연세대학교 등 주요 대학들이 위치해 있으며, 이들 대학에서는 엔터테크와 관련된 미디어 기술, AI, 콘텐츠 기획 등의 교육 프로그램을 제공하고 있다. AI 등 엔터테크 핵심 기술을 연구하고 실습할 수 있는 교육 및 연구 시설도 다양하게 갖추어져 있다.

이러한 인프라는 기업과 산업에 필요한 전문 인재 배출의 기반이 되고 있으며, 그 결과 많은 엔터테크 스타트업들이 서울에 자리 잡고 있다. 실제로 한국에서 창업하는 스타트업 10곳 중 8곳은 서울을 거점으로 하고 있으며, 이들은 엔터테크 산업의 미래를 이끄는 주요 동력으로 작용하고 있다.

국제적 네트워크

서울은 이미 글로벌 엔터테인먼트 산업에서 중요한 위치를 차지하고 있다. 다양한 국제 행사, 콘퍼런스, 포럼이 서울에서 개최되며, 세계적인 연기자, 가수, 셀럽들의 공연도 활발히 열리고 있다. 이를 통해 글로벌 기업 및 투자자들과의 네트워킹이 활발하게 이루어지고 있다. 또한 넷플릭스, 디즈니+ 등 글로벌 스트리밍 플랫폼들도 한국 지사를 서울에 두고, 한국 콘텐츠 제작사들과 협력해 세계 시장을 겨냥한 콘텐츠 생산과 기술 적용을 추진하고 있다.

이처럼 서울은 엔터테인먼트 산업의 중심지, 최첨단 IT 인프라, 산업 간 융합 생태계, 정책적 지원, 글로벌 팬덤 이코노미, 우수한 인재 양성 시스템, 국제적 네트워크 등 엔터테크 허브로서 갖춰야 할 핵심 요소들을 상당 부분 보유하고 있다. 물론 아직 완벽하지 않은 부분도 있으며, 지속적인 발전과 보완이 필요한 영역도 존재한다. 그러나 현재의 추세와 잠재력을 고려할 때, 서울이 미래 글로벌 엔터테크의 중심지로 부상할 가능성은 매우 크다.

이제 서울은 단순히 K-팝과 K-드라마의 본산지를 넘어, 기술과 엔터테인먼트가 융합된 새로운 형태의 글로벌 문화 혁신을 이끄는 도시로 거듭나고 있다. 앞으로 서울이 진정한 엔터테크 허브로 자리 잡기 위해서는 현재의 강점을 더욱 강화하고, 부족한 부분을 보완하는 체계적인 전략과 노력이 필요할 것이다. 이러한 과정을 충실히 이행할 때, 서울은 미래 글로벌 엔터테인먼트 산업의 지형도를 새롭게 그려나가는 핵심 축으로 자리 잡을 수 있을 것이다.

<오징어게임>이 남긴 것
글로벌 슈퍼팬 문화와 K-콘텐츠의 새로운 시대

　전 세계 190여 개국에서 동시 공개된 넷플릭스 오리지널 시리즈 <오징어게임>이 대단원의 막을 내렸다. 6부작으로 구성된 마지막 시즌은 주인공 기훈과 프런트맨의 최후 대결, 그리고 각 캐릭터들의 운명을 완결지었다. 하지만 <오징어게임>이 남긴 것은 단순한 스토리의 끝이 아니었다.

　2021년 9월 17일 첫 시즌이 공개된 이후 약 4년간, 이 작품은 글로벌 엔터테인먼트 지형도를 완전히 바꿔놓았다. 패럿애널리틱스(Parrot Analytics)가 'Building Hollywood 2.0' 보고서에서 분석했듯이, 할리우드 1.0의 중심이 미국이었다면 2.0의 중심은 다국화되고 있다. 그리고 그 변화의 정점에 <오징어게임>이 있었다.

　<오징어게임>의 성과는 숫자만으로도 경이롭다. 시즌1과 시즌2를 통틀어 6억 뷰에 육박하는 시청 기록, 시즌1의 넷플릭스 역대 최

넷플릭스 <오징어게임> 뉴욕 행사 (출처: 넷플릭스)

고 시청률(1억 4,200만 가구), 시즌2의 역대 최고 오프닝 기록(6,800만 뷰)은 단순한 성공을 넘어선 현상이었다.

　더 중요한 것은 경제적 파급효과였다. 시즌1은 제작비 약 250억 원으로 약 1조 원의 수익(40배 넘는)을 창출한 것으로 알려졌다. 이는 하나의 콘텐츠가 어떻게 전체 산업 생태계를 변화시킬 수 있는지를 보여주는 역사적 사례가 되었다.

언어의 장벽을 무너뜨린 문화적 혁명

　<오징어게임>이 만든 가장 근본적인 변화는 글로벌 콘텐츠 소비 패턴의 전환이었다. 패럿애널리틱스 데이터에 따르면, 2018년 77%를 차지했던 영어 콘텐츠의 비중이 2024년 58%까지 감소했다. 반

대로 비영어 콘텐츠는 23%에서 42%까지 상승했다.

이는 단순한 통계 변화가 아니라 문명사적 전환점이었다. 서구 중심의 글로벌 문화 헤게모니에 본격적인 균열을 낸 것이다. 〈오징어게임〉은 "비영어 콘텐츠가 글로벌 주류로 진입할 수 있다는 것을 역사상 처음으로 증명"했으며, 전 세계 미디어 소비 패턴의 근본적 변화를 이끌어냈다.

한국 콘텐츠 생태계의 구조적 변화

〈오징어게임〉 전후 한국 콘텐츠 생태계의 변화는 극적이었다. 패럿애널리틱스가 분석한 '한국 콘텐츠 공급 트렌드(2015~2024)' 데이터를 보면, 2015년부터 2020년까지 완만한 상승세를 보이던 공급지수가 2021년 〈오징어게임〉 출시 이후 급격한 상승곡선을 그렸다. 공급지수가 거의 두 배 가까이 상승한 것이다.

더욱 주목할 만한 것은 한국 콘텐츠에 대한 글로벌 수요가 5배 증가했다는 점이다. 2017년부터 2024년까지의 타임라인을 보면, 오징어게임 이전과 이후의 콘텐츠 생태계가 확연히 다르다. 2017년 '미스터 션샤인'이 단발적 성공작이었다면, 2021년 이후에는 '지금 우리 학교는', '비상선언', '더 글로리', '눈물의 여왕' 등 다양한 장르의 작품들이 지속적으로 글로벌 성공을 거두었다.

한국 콘텐츠 수용성도 70% 증가했다. 이는 한국 콘텐츠가 글로벌 시장에서 받아들여지는 정도가 극적으로 개선되었음을 의미한다.

엔터테인먼트 소비의 새로운 패러다임

〈오징어게임〉이 만든 가장 혁신적이고 지속가능한 변화는 바로 '슈퍼팬 문화'의 탄생이다. 이는 단순한 팬덤을 넘어선 완전히 새로운 형태의 문화 현상으로, 앞으로 모든 글로벌 콘텐츠가 벤치마킹해야 할 미래형 엔터테인먼트 생태계의 모델이 되었다.

체험형 슈퍼팬덤: 화면을 뛰어넘은 몰입

"무궁화 꽃이 피었습니다!" 2025년 6월 20일 뉴욕 브루클린 도미노 파크에 울려 퍼진 이 외침은 새로운 시대의 시작을 알리는 신호탄이었다. 1,000명의 슈퍼팬들이 작품 속 게임을 직접 체험하며 가상과 현실의 경계를 허무는 순간이었다. 이는 더 이상 화면 앞의 수동적 관객이 아닌, 작품 속 세계에 직접 뛰어드는 능동적 참여자로서의 슈퍼팬을 상징했다.

전 세계 25개국 6개 대륙에서 동시다발적으로 벌어진 팬 이벤트의 규모는 경이로웠다. 온라인 600만 명, 현장 66,400명이 참여했으며, 47,300명이 실제 게임에 참가했다. 이는 하나의 콘텐츠가 전 세계적 문화 축제로 발전할 수 있음을 보여주는 역사적 사건이었다.

'오징어게임: 더 익스피리언스'의 성공은 슈퍼팬 문화의 핵심을 보여준다. 뉴욕, 런던, 마드리드, 시드니, 서울 등 5개 도시에서 모든 회차가 매진을 기록했고, 올여름까지 50만 명 이상의 방문객을 맞이할 것으로 예상된다. 관람에서 체험으로, 감상에서 참여로 진화한 슈퍼팬 문화는 콘텐츠 산업 전반의 패러다임 변화를 이끌고 있다.

창작형 슈퍼팬덤: 소비자에서 크리에이터로

〈오징어게임〉 슈퍼팬들의 가장 놀라운 특징은 단순한 소비를 넘어 적극적인 창작 활동을 한다는 점이다. 시즌2 캠페인이 넷플릭스 역사상 가장 큰 소셜 반향을 일으키며 195억 회의 글로벌 소셜 노출을 기록한 것은 슈퍼팬들의 창작 열정이 만들어낸 결과였다.

틱톡의 '무궁화 꽃이 피었습니다' 클립이 1억 2,860만 조회수로 넷플릭스 틱톡 역사상 최고 성과를 달성한 것은 슈퍼팬들이 원작의 요소를 어떻게 창의적으로 재해석하고 재생산하는지를 보여준다.

듀오링고와의 파트너십으로 제작된 K-팝 스타일 곡이 스포티파이에서 78만 스트리밍을 기록하고, 'Korean or Get Eaten' 사운드를 사용한 틱톡 영상이 7,700만 개 제작된 것은 슈퍼팬들이 단순한 소비자가 아닌 콘텐츠 생태계의 공동 창작자가 되었음을 증명한다.

새터데이 나이트 라이브 스케치로까지 제작된 패러디, 수많은 팬아트와 2차 창작물, 그리고 전 세계 각지에서 벌어지는 코스프레와 재연 영상들은 슈퍼팬들이 수동적 수용자가 아닌 능동적 창작자로 변화했음을 보여주는 생생한 증거들이다.

라이프스타일 슈퍼팬덤: 일상을 바꾼 문화적 파워

〈오징어게임〉 슈퍼팬들의 영향력은 엔터테인먼트 영역을 넘어 실제 경제와 소비 패턴까지 바꿔놓았다. 시즌1 방영 후 반스 슬립온 운동화 판매량이 8,000% 급증한 것은 슈퍼팬들의 구매력이 얼마나 강력한지를 보여주는 상징적 사례다.

할로윈 코스튬 검색량에서 다른 모든 영화·TV 캐릭터를 압도한 것은 〈오징어게임〉 캐릭터들이 글로벌 아이콘으로 자리잡았음을 의미한다. 슈퍼팬들은 작품을 감상하는 것뿐만 아니라 캐릭터로 '변신'하며 일상 속에서 팬덤을 표현하는 새로운 방식을 만들어냈다. 크록스, 푸마, 조니 워커, 도미노 등 100개 이상의 브랜드와 협업한 것은 슈퍼팬들의 충성도와 구매 의향이 기업들에게 얼마나 매력적인 타겟이 되었는지를 보여준다.

학습형 슈퍼팬덤: 엔터테인먼트가 교육이 되다

가장 혁신적인 변화는 슈퍼팬 문화가 학습과 성장의 동력이 되었다는 점이다. 이는 기존의 어떤 팬덤에서도 볼 수 없었던 완전히 새로운 현상이었다.

듀오링고에서 한국어 학습자가 40% 증가한 것은 슈퍼팬들이 작품에 대한 사랑을 언어 학습이라는 실질적 성과로 연결시켰음을 보여준다. 미국과 유럽 대학들에서 한국어 강좌 수강 신청이 몰려 추가 강좌를 개설해야 했던 것은 콘텐츠가 교육과 문화 교류의 강력한 촉매 역할을 하고 있음을 증명한다.

한국 전통 놀이의 글로벌 확산은 슈퍼팬 문화의 문화 전수 기능을 보여주는 놀라운 사례다. 무궁화 꽃이 피었습니다, 딱지치기, 구슬치기가 전 세계 놀이터에서 재현되는 현상은 슈퍼팬들이 단순한 오락을 넘어 문화 전파의 주역이 되었음을 의미한다. 미국과 유럽의 놀이터에서 아이들이 한국식 전통 놀이를 즐기는 모습은 문화적 확산의 새로운 형태를 보여준다.

슈퍼팬덤의 미래: 새로운 문화 소비 생태계

〈오징어게임〉이 만든 슈퍼팬 문화는 단순한 트렌드가 아니라 미래 엔터테인먼트 소비의 새로운 표준이 되고 있다. 콘텐츠와 현실의 경계가 모호해지고, 관람과 체험이 융합되며, 소비와 창작이 동시에 일어나는 이 새로운 생태계는 앞으로 등장할 모든 글로벌 콘텐츠의 벤치마킹 대상이 될 것이다.

〈오징어게임〉 속 노래 '둥글게 둥글게(Round and Round)'가 10억 회의 글로벌 소셜 노출을 기록한 것처럼, 슈퍼팬들은 원작의 모든 요소를 창의적으로 재해석하고 확산시키는 문화 생산자의 역할을 하고 있다. 이들은 언어와 국경을 넘나들며, 문화적 편견을 허물고, 진정한 가치에 주목하는 새로운 글로벌 문화 공동체를 만들어가고 있다.

〈오징어게임〉의 문화적 성취는 각종 시상식에서도 입증되었다. 시즌1은 에미상 14개 부문 후보에 올라 6개 부문을 수상해 비영어권 시리즈로는 최초의 쾌거를 이뤘다. SAG 어워드에서 비영어권 시리즈 최초로 다수 상을 수상했으며, 이정재와 정호연이 각각 개별 연기상을 수상했다. 리얼리티 경쟁 프로그램 〈오징어게임: 더 챌린지〉도 에미상 3개 부문 후보에 올랐으며, BAFTA TV 어워드를 수상했다. 최근에는 칸 라이온즈에서 시즌2의 글로벌 캠페인이 2025 미디어 라이온즈 실버상을 수상하는 등 마케팅과 문화 전반에서 그 가치를 인정받았다.

<오징어게임>이 남긴 유산: 새로운 시대의 시작

〈오징어게임〉의 가장 큰 유산은 문화적 헤게모니의 전환을 이끌어낸 것이다. 근대 이후 서구가 독점해온 글로벌 문화 질서에 본격적인 도전장을 내밀었다. 할리우드 영화와 서구 드라마가 지배했던 글로벌 콘텐츠 시장에서, 아시아의 한 작품이 전 세계적으로 압도적 성공을 거둔 것은 문화사적으로 매우 중요한 의미를 갖는다.

특히 〈오징어게임〉이 다룬 사회적 불평등, 자본주의의 모순, 인간성 파괴 등의 주제가 전 세계 관객들에게 보편적 공감을 불러일으킨 것은 한국적 상황에서 출발한 스토리가 글로벌한 보편성을 획득할 수 있다는 것을 증명했다. 서구의 시각이 아닌, 아시아의 관점에서 바라본 현대 사회의 문제들이 전 세계적 공감을 얻은 것이다.

〈오징어게임〉은 문화적 번역의 새로운 가능성을 제시했다. 37개 언어로 제공된 자막과 13개 언어로 제작된 더빙을 통해 한국의 전통 놀이, 사회적 맥락, 정서적 뉘앙스들이 각국의 언어로 번역되면서도 원작의 정체성을 잃지 않았다. 이는 글로벌 콘텐츠 시장에서 문화적 다양성이 단순한 이상이 아닌 현실적 가능성임을 증명했다.

K-콘텐츠 르네상스의 토대

〈오징어게임〉은 K-콘텐츠 전체의 글로벌 진출을 위한 든든한 토대를 마련했다. 한국 콘텐츠에 대한 글로벌 관심이 구조적으로 변화하면서, 후속 작품들이 더 쉽게 세계 무대에 진출할 수 있는 환경을 조성했다. 〈더 글로리〉, 〈눈물의 여왕〉, 〈지금 우리 학교는〉 등의 성공은 〈오징어게임〉이 닦아놓은 길 위에서 가능했다.

〈오징어게임〉이 보여준 슈퍼팬 문화는 미래 엔터테인먼트 소비의 청사진을 제시했을 뿐만 아니라, 새로운 경제 모델을 창출했다. 달라스 넷플릭스 하우스에서 2025년 연말 오픈 예정인 'Squid Game: Survive the Trials'는 슈퍼팬들의 체험 욕구가 얼마나 강력한 비즈니스 기회를 만들어내는지를 보여준다.

슈퍼팬들은 관람료뿐만 아니라 체험비, 굿즈비, 게임비, 심지어 교육비까지 기꺼이 지불하는 새로운 소비 주체가 되었다. 이들이 만들어낸 다층적 수익 구조는 콘텐츠 산업의 미래 비즈니스 모델이 되고 있다.

콘텐츠와 현실의 경계가 모호해지고, 관람과 체험이 융합되며, 소비와 창작이 동시에 일어나는 이 새로운 생태계에서 슈퍼팬들은 문화 생산자이자 경제 주체로서 핵심 역할을 하고 있다. 이는 앞으로 등장할 모든 글로벌 콘텐츠가 반드시 고려해야 할 필수 요소가 되었다.

AI 기술 발전으로 가능해진 고품질 자막과 더빙 기술은 〈오징어게임〉의 글로벌 성공을 뒷받침했다. 원어의 뉘앙스를 최대한 살리면서도 각국 관객들이 이해하기 쉬운 번역이 가능해지면서, 언어의 장벽이 크게 낮아졌다. 이는 앞으로 더 많은 비영어 콘텐츠들이 글로벌 시장에 진출할 수 있는 기술적 기반을 마련했다.

슈퍼팬이 만들어갈 새로운 시대

〈오징어게임〉이 증명한 것은 명확하다. 'All it takes is one hit' 하지만 그 히트를 진정한 문화 현상으로 만드는 것은 바로 슈퍼팬들의 열정과 참여다. 그들이 없었다면 〈오징어게임〉은 단순한 성공작으로 끝났을 것이다. 하지만 슈퍼팬들의 적극적 참여와 창작 활동이 이 작품을 문명사적 전환점으로 만들어냈다.

슈퍼팬들이 만든 가장 큰 유산은 바로 이것이다. 각국의 고유한 문화가 세계 무대에서 당당히 경쟁할 수 있는 새로운 시대를 열어젖혔다는 것, 그리고 그 시대의 진정한 주인공이 바로 전 세계의 슈퍼팬들이라는 것이다.

이들은 언어와 국경을 넘나들며 문화적 편견을 허물고 진정한 가치에 주목하는 새로운 글로벌 문화 공동체를 만들어가고 있다. 슈퍼팬들의 손에서 엔터테인먼트는 더 이상 일방향적 소비재가 아니라, 쌍방향적 문화 창조의 도구가 되었다.

〈오징어게임〉의 끝은 곧 슈퍼팬 문화의 새로운 시작이다. K-콘텐츠의 새로운 시대, 그리고 글로벌 문화 다양성의 새로운 장이 슈퍼팬들의 적극적 참여 속에서 이제 막 열리고 있다. 다음 〈오징어게임〉은 어디서, 어떤 슈퍼팬들에 의해 만들어질까? 그 답은 전 세계 어디든 될 수 있다는 것이 바로 〈오징어게임〉 슈퍼팬들이 우리에게 남긴 가장 큰 희망이다.

4장

글로벌 엔터테크 기업 현황

글로벌
주요 엔터테크 기업들

2025년 현재, 디즈니, 메타, 마이크로소프트 등 글로벌 주요 엔터 기업들은 각자의 핵심 역량을 기반으로 엔터테인먼트의 미래를 재구성하고 있다. 이들 기업은 새로운 몰입 경험을 창출하거나, 자체 IP와 생태계를 확장해 팬의 참여를 유도하는 방식으로 산업 구조 자체를 바꾸고 있다.

그 중심에 기술의 급속한 진화가 있다. 생성형 AI와 MR, 고도화된 데이터 분석 기술 등의 발전으로 콘텐츠의 기획부터 제작, 유통, 소비에 이르기까지 전 과정이 바뀌고 있다. 과거에는 영상 한 편, 게임한 타이틀, 테마파크 하나가 개별적 수익 모델이었으나, 이제 하나의 IP가 다양한 채널과 기술을 통해 끊임없이 확장되고 재생산되는 구조로 진화 중이다. 이러한 전략은 기업의 수익 구조를 다각화하는 동시에, 사용자에게 더 깊고 지속적인 경험을 제공하는 방식으로 구현된다. 이제 글로벌 주요 기업들이 어떤 방식으로 콘텐츠 산업과 기술을 결합하고 있는지, 각 기업들의 전략은 어떻게 차별화되는지 살펴보자.

디즈니, 진정한 엔터테크의 리더

디즈니는 1923년에 등장한 이후 100년 넘게 기술과 엔터테인먼트를 결합해온 글로벌 대표 엔터테크 기업이다. 2025년 SXSW에서는 "이야기는 영화 엔딩 크레딧에서 끝나지 않는다"라고 강조하며, 콘텐츠가 영화·TV를 넘어 게임, 상품, 테마파크 등으로 확장된다고 밝혔다.

조시 다마로 회장은 디즈니랜드의 개장 70주년을 언급하며, 월트 디즈니가 직접 설계에 참여했던 유일한 파크라는 점과, 이매지니어(Imagineer) 개념이 탄생한 배경을 설명했다. 디즈니랜드는 디즈니가 스크린 속 세계를 현실로 확장한 대표 사례다. 앨런 버그만 공동 회장은 이를 '예술과 기술의 결합'이라 표현했다.

SXSW 2025에서 주목받은 스타워즈 프로젝트는 강화학습 기반의 로봇 'BDX 드로이드'를 공개하며 기술 혁신의 면모를 드러냈다. 이 드로이드는 움직임을 학습하고 다른 드로이드에게 학습한 내용을 전수할 수 있다. 디즈니는 테마파크, 로봇, 인터랙티브 콘텐츠로 '세계 구축(World-Building)'을 확대하고 있으며, 영화 콘텐츠와 파크 경험을 동시 업데이트하는 방식으로 디즈니만의 협업 역량을 보여주고 있다.

스트리밍 플랫폼 디즈니+를 통해 디지털 콘텐츠 유통 혁신도 이끌었다. 2024년 2분기에는 첫 흑자를 기록했고, 1억 2,460만 명의 가입자를 확보했다. Hulu, ESPN+와 함께 스트리밍은 디즈니의 핵심 성장 동력이 됐다.

CGI, 가상 프로덕션 등 첨단 기술을 콘텐츠 제작에 접목하며 차별화된 시청 경험을 제공해온 디즈니는, 루카스필름 산하 ILM Immersive를 통해 VR·MR 기반 몰입형 콘텐츠도 제작 중이다. 이 스튜디오는 사용자가 스토리 속에 직접 참여하는 인터랙티브 경험을 제공한다. '베이더 임모탈' '스타워즈: 갤럭시 엣지' 등이 대표적이다. 디즈니는 일레븐랩스(AI 음성합성), 프로메티안AI(AI 기반 3D 제작), 오디오쉐이크(AI 음악 분리) 등 AI 기반 스타트업에도 투자하며 기술 혁신을 가속화하고 있다.

디즈니 테마파크는 기술을 활용한 몰입형 공간으로 진화 중이다. 웨어러블 기술을 이용해 방문객의 움직임을 추적하고, 맞춤형 서비스를 제공하는 매직밴드를 비롯해 AR 앱, 가상 대기열, 제스처 기반 인터랙션, 고급 애니매트로닉스 등을 도입해 관람객 경험을 혁신하고 있다. 특히 '스타워즈: 갤럭시 엣지', '판도라' 등 테마랜드를 몰입형 환경으로 바꾸고 있으며, 지속가능한 스마트 인프라도 함께 구축 중이다.

디즈니는 메타버스와 가상현실에서도 IP를 중심으로 한 확장을 모색하고 있다. 디지털 공간에서 캐릭터와 세계관을 체험할 수 있는 몰입형 콘텐츠는 팬과의 관계를 한층 강화한다. AI 분석을 기반으로 한 맞춤형 추천, 콘텐츠 소비 패턴 분석 등도 기술을 바탕으로 한 엔터테크 기업으로서 디즈니의 정체성을 더욱 공고히 하고 있다.

메타 플랫폼스, 메타버스 기반 엔터 기업으로의 진화

메타 플랫폼스(Meta Platforms, Inc.)는 소셜미디어를 넘어 메타버스 기반 엔터테인먼트 생태계로의 전환을 추진하고 있다. 2021년 마크 저커버그 CEO는 회사명을 페이스북에서 메타로 변경해 비전을 명확히 했고, 이후 일관된 투자와 혁신을 통해 엔터테인먼트 테크놀로지 시장의 핵심 플레이어로 부상했다.

2024년 메타의 연간 매출은 1,340억 달러에 달하는데, 이 중 약 240억 달러가 엔터테인먼트 테크놀로지 부문에서 발생했다. 특히 Reality Labs 부문은 2024년 3분기에만 72억 달러의 매출을 올리며 전년 동기 대비 56%의 성장을 기록했다. Quest 시리즈의 하드웨어 판매 증가와 콘텐츠·서비스 수익 증대가 주요 요인이었다.

메타의 엔터테인먼트 사업은 크게 세 가지 축으로 구성된다. 첫째는 VR/AR 하드웨어인 Quest 시리즈다. 2023년 출시된 Quest 3는 혼합현실 기능을 강화해 시장 침투율을 높였고, 2024년에는 보급형 모델 Quest 3 Lite(299달러)가 대중화에 기여했다. 둘째는 메타버스 소프트웨어 플랫폼인 Horizon Worlds로, 월간 활성 사용자 수가

2,200만 명에 달하고 45만 개 이상의 사용자 제작 월드가 형성되었다. 셋째는 Meta AI와 뉴럴 인터페이스 기술이다. 이는 가상 환경에서의 상호작용과 가상 인간(NPCs)의 개발을 통해 메타버스의 질적 향상을 이끈다.

R&D 투자에서도 메타는 업계 선두다. 2024년 상반기에만 AR/VR 기술에 78억 달러, 뉴럴 인터페이스에 25억 달러를 투입했다. Reality Labs 부문은 2022년부터 누적 230억 달러의 손실을 기록했지만, 저커버그는 메타버스를 "모바일 인터넷 이후 최대의 컴퓨팅 플랫폼"으로 규정하며 투자를 지속하고 있다.

메타는 'Metaverse First' 전략 하에 2030년까지 10억 명의 사용자를 목표로 한다. 엔터테인먼트 영역에서는 콘서트, 스포츠, 영화 등 몰입형 콘텐츠 확장에 집중하면서 유니버설 스튜디오 및 라이브 네이션 등과 파트너십을 강화했다.

SWOT 분석에서 메타의 강점은 강력한 소셜 플랫폼 기반과 자본력, R&D 역량이다. 약점으로는 프라이버시 우려, 규제 리스크, 하드웨어 대중화 지연이 꼽힌다. 기회는 디지털 전환 가속화와 가상 환경 수요 증가이며, 위협은 애플, 마이크로소프트, 중국 기업들의 경쟁이다. 특히 애플의 고가 전략과 차별화 하기 위해 저가형과 콘텐츠 강화에 초점을 맞추고 있다.

2024년 'Meta Research Summit'에서는 포토리얼리스틱 아바타와 촉각 피드백 기술을 공개해 기술 우위를 과시했다. 지역별로도 전략을 차별화하며, 북미·유럽은 고품질 콘텐츠 중심, 아시아는 게임·교육 콘텐츠에 집중한다. 인도에서는 AR 개발자 생태계 육성에 투자 중이며, 관련 인력은 38만 명으로 증가했다.

마이크로소프트, AI·클라우드 기반의 게임 중심 전략 확대

마이크로소프트는 전통적인 소프트웨어 기업에서 클라우드, 게임, 혼합현실을 아우르는 종합 테크놀로지 기업으로 성장했다. 특히 엔터테인먼트 테크놀로지 영역에서의 영향력이 급속히 커지면서, 기업 솔루션과 소비자 콘텐츠의 경계를 허무는 독특한 입지를 구축했다. 마이크로소프트의 엔터테인먼트 전략은 세 축으로 구성된다. 첫째는 Xbox 중심의 게임 생태계, 둘째는 Azure 클라우드 기반 콘텐츠 플랫폼, 셋째는 HoloLens와 Microsoft Mesh를 통한 혼합현실 기술이다. 이들 모두는 AI·클라우드 기술을 기반으로 긴밀히 연결돼 있다.

게임 부문에서는 Bethesda와 액티비전 블리자드까지 포함해 총 33개 스튜디오를 보유, 강력한 IP 포트폴리오를 확보했다. 2024년 출시된 Xbox 시리즈 X Slim과 S Pro는 구독형 서비스 Game Pass와 연계돼 사용자 저변을 확대했고, 2025년 3월 기준 Game Pass 구독자는 5,800만 명에 달한다. Xbox Cloud Gaming은 '게임 어디서나' 전략의 핵심이다. 현재 42개국에 서비스 중이며, 기업용 버전인 'Xbox Cloud Gaming for Enterprise'도 팀 빌딩, 교육 등 비즈니스 용도로 확대되고 있다.

Azure 기반 콘텐츠 플랫폼도 빠르게 성장 중이다. 'Azure AI Studio for Content'는 스크립트 작성, 영상 편집, 음성 합성 등 생성형 AI 기반 제작 도구를 제공한다. 워너브라더스, 디즈니 등 주요 미디어 기업들이 도입하고 있으며, 미디어 클라우드 시장 점유율은 AWS에 이어 2위다.

혼합현실 분야에서는 'HoloLens 3'가 시야각, 무게, 배터리 등에서 개선되었으며, 주로 산업·교육용 B2B 시장에 집중하고 있다. Microsoft Mesh는 협업 플랫폼으로 자리잡았으며, 포춘 500대 기업의 38%가 도입했다. 2024년 말부터는 라이브 콘서트, 스포츠 중계 등 엔터테인먼트 영역으로도 확장 중이다.

AI 기술은 전 영역에 걸쳐 핵심 역할을 한다. 'Xbox AI Companion'은 게임 내 조언 및 번역 기능을 제공하며, 'Creator AI for Xbox'는 NPC의 행동과 대사 등을 자동 생성해 몰입감을 높인다. Azure의 'AI Content Intelligence'는 콘텐츠 분석, 태깅, 검색을 자동화해 제작과 유통 효율을 높이고 있다.

향후 전략은 세 가지다. 첫째, 강력한 게임 IP의 미디어 확장, 둘째, AI와 클라우드 융합을 통한 게임 경험 혁신, 셋째, 업무와 엔터테인먼트의 융합이다.

마이크로소프트는 기술력과 생태계 확장 전략을 바탕으로 엔터테인먼트 산업의 주요 플레이어로 부상하고 있다. 다만, 하드웨어 점유율, 소비자 MR 시장 대응, 구독 모델 수익성 확보 등은 여전히 해결 과제로 남아 있다.

알파벳, 유튜브 중심 AI 콘텐츠 전략으로 확장하는 글로벌 플랫폼

알파벳(Alphabet Inc.)은 구글을 중심으로 검색, 광고, 클라우드, 그리고 유튜브를 기반으로 한 엔터테인먼트 테크놀로지 사업까지 확장해 왔다. 2025년 초 시가총액은 2조 3천억 달러로 세계 5위이며, 2024년 총매출 3,050억 달러 중 약 420억 달러(13.8%)가 엔터테크 부문에서 발생했다.

핵심 사업 축은 유튜브, 구글 플레이, 구글 클라우드, AR/VR 등 몰입형 기술이다. 이들 서비스는 AI 기술과 사용자 데이터 분석 역량을 바탕으로 유기적으로 결합돼 있다.

유튜브는 월간 사용자 30억 명, 일일 시청 시간 10억 시간을 넘기며 세계 최대의 비디오 플랫폼으로 자리 잡았다. 특히 유튜브 쇼츠는 MAU 25억 명으로 틱톡을 추월했고, AI 기반 광고 기술인 YouTube AI Ads 도입 후 광고 효율이 27% 개선됐다. 구독 서비스인 유튜브 프리미엄은 구독자 1억 명, 유튜브 TV는 850만 명으로 성장했다. 2024년부터는 유튜브 쇼핑을 통해 전자상거래 기능도 확장 중이며, 연간 거래액은 120억 달러에 달한다.

크리에이터 도구인 YouTube Create와 YouTube AI Studio는 생성형 AI를 활용해 편집, 자막, 썸네일 제작 등을 지원하며, 크리에이터의 제작 시간을 크게 줄였다.

구글 플레이는 전 세계 30억 대 안드로이드 기기에서 사용되고 있고, 구글 클라우드는 미디어 산업 전반을 위한 통합 솔루션을 통해 콘텐츠 제작·관리·분석 서비스를 제공하며, 시장 점유율 18%로

3위를 기록 중이다. Video AI와 Natural Language AI 기술은 콘텐츠 메타데이터 추출과 자동화에 활용된다.

AR/VR 기술에서는 구글 AI 플랫폼과 'Immersive Stream'을 통해 몰입형 콘텐츠와 클라우드 게이밍 지원 기반을 확장하고 있다. 'YouTube Immersive'는 360도 비디오, 가상 콘서트 등을 통해 메타와 애플 MR 기기와의 연동도 추진 중이다.

생성형 AI 전략은 알파벳의 핵심 전환점이다. 자체 모델 Gemini 기반의 YouTube Gemini Creator는 콘텐츠 기획부터 번역, 최적화까지 지원하며 제작 시간을 35% 단축했다. 또한 'YouTube Understanding Engine'을 통해 알고리즘을 고도화해 사용자 체류 시간을 12%, 수익은 18% 증가시켰다.

SWOT 분석에서 강점은 유튜브의 압도적 사용자 기반, AI 기술력, 검색·광고 분야 리더십이다. 약점은 오리지널 콘텐츠 부족, 게임·하드웨어 영향력 제한이다. 기회는 AI 기반 콘텐츠 혁신, 숏폼 성장, 몰입형 미디어 확대. 위협은 넷플릭스·디즈니의 기술 추격, 틱톡·인스타그램과의 숏폼 경쟁, 개인정보 규제 강화다.

향후 전략은 AI 기반 크리에이터 생태계 강화(3년간 20억 달러 투자), 몰입형 콘텐츠 경험 확대(YouTube Immersive), Gemini 기반 콘텐츠 큐레이션 및 개인화 고도화(Content Intelligence Platform)로 전개될 것으로 전망된다.

2025년 현재 알파벳은 유튜브와 AI 기술을 중심으로 글로벌 엔터테크 시장에서의 입지를 빠르게 강화하고 있으며, 특히 크리에이터 지원과 콘텐츠 제작 자동화를 통해 디지털 콘텐츠 산업의 구조적 변화를 선도하고 있다.

소니, '원소스 멀티유즈' 전략으로 글로벌 엔터테크 기업 도약

소니 그룹은 가전 제조사에서 글로벌 엔터테인먼트 기술 기업으로 성공적인 전환을 이룬 대표적인 사례다. 2024년 기준 총매출 860억 달러 중 약 44%인 380억 달러가 게임, 영화, 음악, 엔터테인먼트 기술 등에서 발생했다.

소니의 핵심 경쟁력은 하드웨어와 콘텐츠를 아우르는 균형 잡힌 포트폴리오에 있다. PS5는 누적 판매량 5,200만 대, PSN은 월 1억 3,200만 명의 활성 사용자, 플레이스테이션 플러스(PlayStation Plus)는 5,800만 구독자를 기록했다. 음악 부문은 글로벌 시장 점유율 22%, 영화 부문은 〈스파이더맨: 노 웨이 홈〉 등의 흥행작으로 성과를 이어가고 있다.

기술 영역에서도 혁신을 주도 중이다. 2023년 출시된 PS VR2는 고사양 VR 하드웨어로 250만 대 이상 판매되었고, AI 기술 'GT Sophy'는 레이싱 게임 내 프로 수준의 플레이를 가능하게 했다. 클라우드 게임 서비스도 베타 테스트를 거쳐 정식 서비스로 전환되었다.

'원소스 멀티유즈' 전략은 소니의 대표적 성공 모델이다. 인기 게임 IP를 기반으로 드라마·영화화하며, 콘텐츠 간 선순환 효과를 창출하고 있다. 예를 들어, HBO와 제작한 〈라스트 오브 어스〉 드라마는 게임 판매량을 238% 끌어올렸다.

2025년 CES에서는 엔터테인먼트 기술을 총망라한 'Sony Immersive Entertainment Framework'를 공개하며 플레이스테이션, 영화, 음악, 애니메이션 등 콘텐츠를 통합하는 플랫폼 비전을 제시했다. 안경 없이 3D 이미지를 제공하는 'Spatial Reality Display Pro', 실시간 음원 분리 기술 'Neural Mix Live', 게임 관전 플랫폼 'PlayStation Spectator' 등도 주목받았다.

소니는 콘텐츠 제작자 생태계도 강화 중이다. 'Creator Cloud'는 게임·영상·음악 제작자들이 클라우드 기반으로 협업하고 AI 도구를 활용해 제작 효율을 높이는 플랫폼이다. 영상 제작 기술 'Sony Pictures Reality Engine'은 고해상도 가상 환경 구현을 가능케 하며, 영화 제작 방식에도 혁신을 불러왔다.

소니는 강력한 게임 생태계, 방대한 IP 자산, 콘텐츠-하드웨어의 수직 통합이라는 강점을 가진 반면, 클라우드 인프라와 AI 투자에서 경쟁사에 비해 다소 뒤처져 있으며, 콘텐츠 제작 비용 상승도 리스크로 지목된다. 이에 대응해 소니는 중견 게임 스튜디오 인수, 플레이스테이션 타이틀의 PC 확장 등으로 플랫폼 다변화를 시도하고 있으며, 중국 시장 확대와 함께 신흥 시장 공략도 본격화하고 있다.

향후 전략 방향은 PS6 중심 콘솔 혁신, AI·클라우드 기반 콘텐츠 혁신, IP 중심 메타버스 플랫폼 구축이다. 'Sony Interactive World'라는 프로젝트를 비공개 테스트 중이며, 모든 엔터테인먼트 자산을 연결하는 메타버스 생태계를 준비 중이다.

바이트댄스, 생성형 AI로 확장하는 글로벌 플랫폼

바이트댄스(ByteDance)는 2012년 창립 이후 10여 년 만에 글로벌 엔터테크 시장의 중심 기업으로 부상했다. 특히 틱톡(TikTok)은 숏폼 비디오 플랫폼의 대표주자로, 소셜미디어와 콘텐츠 소비 방식의 패러다임을 바꾸는 데 결정적 역할을 했다.

2024년 바이트댄스는 약 1,100억 달러의 매출을 기록했으며, 이 중 68%는 중국 외 지역에서 발생했다. 전체 수익의 85% 이상은 광고와 인앱 구매에서 나오며, 최근에는 전자상거래(TikTok Shop)와 음악 스트리밍(TikTok Music) 비중도 확대 중이다.

핵심 경쟁력은 AI 기반 추천 알고리즘이다. 사용자 행동을 분석해 개인화된 피드를 제공하는 이 기술은 체류시간과 콘텐츠 발견 효율성에서 경쟁사 대비 각각 38%, 52% 높은 수치를 기록하고 있다. 멀티모달 콘텐츠 이해, 실시간 영상 처리, AR 필터, 생성형 AI 등 네 가지 기술 기반이 엔터테인먼트 경쟁력을 뒷받침한다.

특히 'ByteStudios'는 생성형 AI를 활용한 통합 콘텐츠 제작 플랫폼으로, 숏폼을 넘어 중장편 영상, 게임, 가상 인플루언서 제작까지 지원한다. 서비스 3개월 만에 840만 명이 넘는 크리에이터가 사용했으며, AI 기반 콘텐츠는 비 AI 대비 평균 조회수가 24% 높다.

글로벌 확장도 가속화되고 있다. 틱톡은 2025년 초 기준 월간 활성 사용자 수 18억 명을 돌파했고, 동남아·중동·남미 시장에서는 사용자 수가 전년 대비 78% 증가했다. 현지 문화를 반영한 알고리즘 최적화 전략이 주요 요인이다.

게임 사업에서도 'Nuverse' 브랜드를 통해 다수 히트작을 배출했고, 'ByteGames' 플랫폼으로 중소 개발사를 위한 AI 기반 게임 제작 생태계도 구축 중이다. 이러한 다각적 확장은 바이트댄스를 플랫폼 기업에서 콘텐츠 기술 기업으로 진화시키고 있다.

하지만 지정학적 리스크도 크다. 미국에서는 2024년 법제화된 틱톡 매각 또는 서비스 중단 요구에 따라 '프로젝트 텍사스'를 추진 중이다. 이는 미국 내 사용자 데이터와 알고리즘 통제를 오라클 중심으로 이양하는 구조다. 유럽에서도 DSA(디지털서비스법)에 따라 데이터 현지화, 알고리즘 투명성 강화 요구에 직면해 있다.

이에 바이트댄스는 글로벌·중국 사업의 법적 분리를 강화하고, '글로벌 데이터 거버넌스 위원회' 및 사이버 보안 감독 기구 설립 등 투명성 강화를 위한 조치를 확대하고 있다.

SWOT 분석상 바이트댄스의 강점은 뛰어난 AI 기술, 방대한 글로벌 사용자 기반, 빠른 생성형 AI 상용화다. 약점은 중국 기업이라는 지정학적 제약과 광고 수익 의존 구조다. 기회로는 AI 기반 크리에이터 생태계 성장, 신흥 시장 확대, 커머스와의 융합이 있으며, 위협으로는 서방의 규제 압박과 경쟁 플랫폼의 추격이 있다.

향후 전략은 생성형 AI 기반 콘텐츠 플랫폼 고도화, 틱톡 생태계의 슈퍼앱화(음악, 쇼핑, 라이브 통합), 글로벌 규제 대응 및 거버넌스 재편으로 요약된다.

바이트댄스는 기술 혁신과 플랫폼 전략을 결합해 엔터테인먼트 산업의 구조적 변화를 이끄는 선도 기업으로 성장 중이다. 다만, 글로벌 규제 환경에의 대응이 향후 지속 성장을 위한 핵심 과제로 남아 있다.

텐센트, 글로벌 게임 지배력과 AI 기반 IP 확장

텐센트 홀딩스는 소셜 플랫폼에서 출발해 게임, 콘텐츠, 클라우드, AI를 아우르는 종합 엔터테인먼트 테크놀로지 기업으로 도약했다. 2025년 초 기준 시가총액은 6,120억 달러이며, 2024년 총매출 895억 달러 중 약 65%인 580억 달러가 엔터테인먼트 관련 부문에서 발생했다.

핵심 사업은 네 가지 축으로 구성된다. 글로벌 최대 규모의 게임 개발 및 퍼블리싱, 위챗 중심의 소셜 콘텐츠 플랫폼, 디지털 콘텐츠(음악, 비디오, 웹소설) 서비스, 텐센트 클라우드 기반의 기술 인프라다.

게임 부문은 매출 320억 달러로 압도적이다. '왕자영요' 글로벌 버전은 DAU 1.2억 명, 월 매출 9억 달러를 기록했다. 텐센트는 라이엇게임즈(100%), 에픽게임즈(40%) 등 40개 이상 글로벌 스튜디오의 지분을 보유해 포트폴리오를 확장했고, 2024년 한 해에만 15개 스튜디오를 추가 인수했다.

IP의 크로스미디어 확장도 활발하다. '리그 오브 레전드: 아케인' 시즌 2의 글로벌 성공, '왕자영요' 애니메이션, '포트나이트' 기반 장편 애니메이션 개발 등이 대표 사례다.

위챗은 월간 사용자 13억 명의 '슈퍼앱'으로, 미니게임은 MAU 5

억 명, 등록 게임 수 10만 개를 기록했다. '위챗 채널'은 DAU 7억 명에 달하며, 라이브 커머스 거래액은 860억 달러로 전년 대비 75% 성장했다.

디지털 콘텐츠 부문에서는 텐센트 뮤직(구독자 9,600만 명), 텐센트 비디오(구독자 1.3억 명), 차이나 리터러처(1,600만 구독자, 1,800만 작품)가 두각을 나타낸다. 한국 문피아 인수 및 카카오페이지 제휴를 통해 글로벌 웹소설 시장 확장에도 박차를 가하고 있다.

기술 혁신 면에서는 2024년 출범한 '텐센트 AI 스튜디오'가 AI NPC 및 게임 개발 자동화를 이끌고 있으며, 신작 MMORPG '코드네임: 오디세이'에 LLM 기반 NPC 기술이 적용될 예정이다. 클라우드 게이밍 서비스 'START'는 중국 내 1,400만 구독자를 확보하고, 2025년 동남아로 확대 중이다.

글로벌 확장 전략은 시장별 차별화 방식이다. 북미·유럽은 투자 중심, 신흥 시장은 파트너십을 통한 직접 진출 방식이다. 동남아시아(가레나), 인도네시아(고토)에 대한 투자로 지역 거점을 강화하고 있다.

메타버스 영역에서는 '위챗 월드' 베타 출시와 함께 'Hyper Digital Reality' 프로젝트를 가동 중이다. 위챗 생태계 기반의 소셜형 메타버스 전략은 메타(구 페이스북)와 차별화된다.

SWOT 분석에서 강점은 방대한 사용자 기반, 글로벌 게임 투자 포트폴리오, IP 수직계열화다. 약점은 중국 규제 리스크, 서구 브랜드 인지도 부족, 하드웨어 경쟁력 미비다. 기회는 클라우드·메타버스 시장 성장, 생성형 AI 콘텐츠 혁신이다. 위협은 규제 강화, 지정학 리스크, 중국 내 경쟁 심화다. 향후 전략은 AAA급 글로벌 게임 개발 확대, IP 기반 메타버스 플랫폼 구축, '훤위안(Hunyuan)' LLM을 활용한 생성형 AI 콘텐츠 제작 고도화다.

텐센트는 게임을 중심으로 콘텐츠, 기술, 플랫폼을 통합하며 독보적 엔터테크 생태계를 구축하고 있다. 다만 중국 기업으로서의 정체성과 글로벌 확장 간의 균형이 향후 성장의 핵심 변수가 될 전망이다.

아시아
주요 엔터테크 혁신 기업들

아시아권 주요 기업들도 기술과 콘텐츠의 융합을 통해 새로운 형태의 엔터테인먼트 산업을 주도하고 있다. 미호요, DeNA, ZOZO, 빌리빌리, 라쿠텐, 사눅 등은 각자의 문화적 자산과 기술적 강점을 바탕으로 고유한 방식의 혁신을 전개 중이다.

이들 기업은 공통적으로 AI, 데이터 분석, 몰입형 인터페이스, 디지털 인간 및 메타버스 기술 등 첨단 기술을 전략적 자산으로 활용하면서도, 지역성과 팬덤 기반 문화에 깊이 뿌리내린 콘텐츠 경험을 설계하고 있다. 특히 게임, 애니메이션, 스포츠, 패션, 지식 콘텐츠 등 장르 간 경계를 넘나들며 사용자의 참여와 몰입을 극대화하는 IP 중심 생태계를 구축하는 중이다.

콘텐츠는 이제 단일 채널을 통해 소비되는 것이 아니라, 하나의 IP

가 게임, 애니메이션, 영상, 커머스, 팬 이벤트, 디지털 공간 등으로 다층적으로 확장되는 구조로 재편되고 있다. 이러한 변화는 아시아 기업들에 오히려 기회로 작용하고 있다. 강력한 세계관 설계, 높은 기술 내재화 역량, 로컬 감성과 글로벌 확장 전략을 결합함으로써, 아시아의 테크 기업들은 글로벌 플랫폼들과의 경쟁 속에서도 고유한 정체성을 유지하며 성장 동력을 확보하고 있다.

이 글에서는 미호요의 통합형 게임·애니메이션 IP 전략, DeNA의 스포츠와 웰빙 기반 기술 융합 모델, ZOZO의 패션 피지컬-디지털 통합 경험, 빌리빌리의 Z세대 중심 콘텐츠 생태계, 라쿠텐의 통합형 디지털 서비스 플랫폼, 사눅의 아세안 문화 기반 콘텐츠 확장 전략 등을 중심으로, 아시아 엔터테크 기업들이 어떻게 산업의 구조와 경험을 새롭게 정의하고 있는지를 살펴본다.

미호요, 기술과 오타쿠 문화가 융합된 글로벌 IP 혁신 기업

미호요(miHoYo)는 2011년 세 명의 상하이 교통대학 학생들이 창업한 중국의 게임 개발사로, '테크 오타쿠가 세계를 구한다'는 독특한 기업 비전 아래 기술과 애니메이션의 융합을 통해 새로운 디지털 엔터테인먼트를 창조하고 있다. 2024년 매출은 약 180억 달러, 순이익률은 38%에 달하며, 전체 매출의 65%는 중국 외 글로벌 시장에서 발생했다.

주요 타이틀로는 2020년 출시된 '원신(Genshin Impact)'과 2023

년의 '붕괴: 스타레일(Honkai: Star Rail)'이 있다. '원신'은 누적 매출 130억 달러, 사용자 수 1억 2천만 명을 기록했으며, '붕괴: 스타레일'은 출시 2년 만에 3억 다운로드와 월 매출 1억 5천만 달러를 달성했다.

기술 경쟁력은 크게 네 가지로 요약된다. 첫째, 자체 개발 엔진 HoYoverse Engine은 PC, 콘솔, 모바일 간 일관된 그래픽과 게임 플레이를 제공하며, 모바일에서 콘솔급 그래픽 구현으로 주목받고 있다. 둘째, AI 기반 NPC 행동 시스템은 캐릭터에게 성격, 기억, 적응형 행동을 부여해 몰입감 높은 게임 세계를 만든다. 셋째, 실시간 렌더링과 물리 시뮬레이션 기술은 애니메이션 스타일을 유지하면서도 현실적인 조명, 의상, 기상 효과를 구현하며, 자체 개발한 라이트 트레이서 시스템은 모바일에서도 고품질 그래픽을 실현한다. 넷째, 클라우드 기반의 분산형 서버 아키텍처는 수백만 동시 접속 상황에서도 안정적인 서비스 제공이 가능하다.

미호요는 게임과 애니메이션을 동시에 기획·개발하는 통합 IP 모델을 구축했다. 2024년 넷플릭스와 공동 제작한 〈원신: 천년의 노래〉는 한 달 만에 1억 2천만 시간 이상의 시청 기록을 세웠고, 이 같은 통합 스토리텔링 전략은 팬의 몰입도와 수익성을 크게 끌어올렸다. 2024년 기준 월간 사용자당 평균 수익은 22달러로, 업계 평균의 5배 수준이다.

글로벌 확장도 빠르게 진행되고 있다. 2023~2024년 사이 싱가포르, 로스앤젤레스, 서울 등지에 스튜디오를 개설해 지역 문화 기반 콘텐츠를 개발하고 있으며, 이로 인해 유럽과 북미 지역에서 각각 87%, 62%의 매출 성장을 달성했다. 각 게임 지역에 다양한 문화 요소를 반영하고 있는데, 예를 들어 원신의 Fontaine은 유럽 산업혁명 시대 미학에서, Natlan은 남미 원주민 문화에서 영감을 받았다.

기술 투자 역시 활발하다. HoYoverse Engine 개발 외에도, 애니메이션 제작 효율을 높이기 위한 렌더팜 확장과 AI 기반 제작 도구 HoYoverse Creator Suite 개발에 각각 수억 달러를 투자했다. 또한 메타버스 플랫폼 HoYoverse World를 통해 게임, 콘서트, 팬미팅 등 다양한 콘텐츠가 통합된 경험을 제공할 계획이다.

IP 포트폴리오 다변화를 위해 2024~2027년 사이 새로운 AAA 타이틀들을 출시할 예정이며, 대표적으로 '젠리스 존 제로(Zenless Zone Zero)'가 있다. 영화, 드라마, 웹툰 등 크로스미디어 확장도 본격 추진 중이며, 원신 기반 장편 애니메이션 영화는 현재 할리우드 스튜디오와 공동 제작 중이다. 디지털 인간 프로젝트를 포함한 AI 및 메타버스 기술 투자 역시 장기 전략의 핵심이다. 이는 NPC를 넘어 게임 캐릭터가 다양한 플랫폼에서 활동할 수 있도록 하여 미호요의 비전을 현실화하는 기반이 될 전망이다.

DeNA, 디지털 인간 경험을 설계하는 일본의 테크 기업

DeNA는 1999년 설립된 일본의 테크놀로지 기업으로, 모바일 게임 개발을 시작으로 스포츠 테크놀로지, 헬스케어, 인공지능, 모빌리티까지 사업 영역을 확장하며 기술 기반 글로벌 종합 플랫폼 기업으로 성장해왔다. 2024년 매출은 약 21억 달러로, 이 중 게임이 47.6%, 스포츠 테크가 24.8%, 헬스케어가 20.5%, 신규 사업이 7.1%를 차지했다.

DeNA의 사업 영역은 크게 네 가지다. 첫째, 전통적인 모바일 게임 개발 및 퍼블리싱. 둘째, 요코하마 DeNA 베이스타즈 구단을 중심으로 한 스포츠 엔터테크. 셋째, AI 기반 헬스케어 플랫폼. 넷째, 자율주행 및 모빌리티 서비스다. 이 네 영역은 독립적으로 운영되면서도 데이터 분석과 AI를 핵심 기반으로 유기적 연계를 이룬다.

게임 부문은 닌텐도와 협업한 마리오 카트 투어, 파이어 엠블렘 히어로즈 등을 통해 글로벌 시장에서 입지를 강화했고, 월간 활성 사용자 수는 4,500만 명에 달한다. 이 부문에서는 Live-Ops AI를 도입하여 실시간 사용자 데이터 기반의 콘텐츠 운영 최적화를 실현하고 있다.

스포츠 테크 부문은 프로야구단 운영을 통해 현실 기반 기술 실증이 가능한 테스트베드를 확보했다. 대표 사례인 BayStars AR 시스템은 AR 글래스를 통한 실시간 데이터 시각화를 구현하며, 2025년 기준 일본 프로야구 12개 구단이 이를 도입했다. 또한 DeNA SportsTech 플랫폼은 AI 코칭 기반 운동 분석 서비스를 제공하며, 일본과 해외에서 총 300만 명의 유료 구독자를 확보했다. 핵심 기술인 Motion AI는 3D 모션 분석과 바이오메카닉스 모델을 결합해 스포츠별 동작 최적화 솔루션을 제공한다. 특히 개인 맞춤형 피드백이 가능해 학습 효과가 지속적으로 향상된다.

헬스케어 영역에서는 KENCOM을 중심으로 웨어러블 데이터 기반 건강관리 서비스를 운영 중이다. 320만 명 이상이 사용하고 있으며, Wellness AI 기능을 통해 건강 행동 예측과 게임화된 행동 변화 유도에 성공했다. 이로 인해 참여 기업들의 건강 관련 비용이 절감되고 있다.

글로벌 전략은 아시아 시장을 중심으로 추진되며, 싱가포르 센터를 거점으로 타이완, 한국, 인도 시장에 진출 중이다. 유럽과 북미에서는 현지 스포츠 구단 및 미디어와의 협업을 통해 점진적 확장을 진행 중이다.

DeNA의 중장기 비전인 Vision 2030은 기술을 통한 인간 능력의 확장을 지향하며, 스포츠, 게임, 헬스케어가 결합된 디지털 인간 경험 플랫폼을 구축하는 것이 핵심이다. 이의 일환으로 2026년에는 스포츠, 게임, 피트니스를 결합한 메타버스 플랫폼 DeNA Metaverse 출시가 예정되어 있다.

향후 전략 방향은 세 가지다. 첫째, DeNA SportsTech를 API·SDK로 제공하여 Sports Tech as a Service 모델로 진화. 둘째, 웨어러블과 AI 기반의 인간 증강 기술을 고도화하여 운동 능력 향상 지원. 셋째, 게임성과 건강증진을 결합한 디지털 웰빙 생태계 구축이다. DeNA Wellness Universe는 이러한 전략의 첫 실현으로, Z세대와 알파세대를 주요 타깃으로 한다.

ZOZO, 패션 테크놀로지의 미래를 디자인하다

ZOZO는 1998년 유사쿠 마에자와가 설립한 일본의 대표적인 패션 테크놀로지 기업이다. 엔터테크 기업으로 불리기도 한다. 일본 최대 패션 이커머스 플랫폼인 ZOZOTOWN을 운영하며, 2025년 기준 8,000개 이상의 패션 브랜드와 950만 명 이상의 사용자를 보유하고 있다. 연간 매출은 약 14억 달러, 시가총액은 97억 달러 수준으로 집계된다.

2019년 11월, Z Holdings(구 Yahoo Japan, 소프트뱅크 계열)가 ZOZO 지분 50.1%를 약 37억 달러에 인수하면서 ZOZO는 소프트뱅크 그룹의 자회사로 편입되었다. 창업자 유사쿠 마에자와는 인수 이후 약 18% 내외의 지분을 보유한 2대 주주로 남아 있으며, 경영진에서는 물러났다. 이 같은 지배구조 변화는 ZOZO가 단순 이커머스 플랫폼에서 종합 패션 테크놀로지 기업으로 진화하는 계기가 되었다.

ZOZO의 핵심 경쟁력은 독자적인 3D 신체 계측 기술에 있다. ZOZOSUIT는 스마트폰 카메라만으로 정밀한 3D 신체 계측이 가능한 기술로, 최신 버전인 ZOZOSUIT 2는 약 20,000개의 마커를 활용해 기존 대비 50배 향상된 해상도를 제공한다. 마커 크기도 2mm에서 6mm로 개선되어 스마트폰 카메라 인식률이 크게 높아졌다. 발 측정용 ZOZOMAT도 2020년 출시 3개월 만에 100만 건 이상의 주문을 기록했고, 누적 130만 건 이상의 주문과 120만 건의 고객 스캔 실적을 보유하고 있다. 이 기술은 다양한 브랜드와 모델에 대한 신발 사이즈 추천에 활용되고 있다.

ZOZO는 일본 패션 이커머스 시장에서 2021년 기준 약 21.5%의 점유율을 확보하고 있으며, 2026년에는 27.6%까지 확대될 것으로 전망된다. 방대한 브랜드 포트폴리오와 대규모 사용자 데이터를 기반으로 한 추천 알고리즘을 통해 14~16%의 구매 전환율을 기록하고 있는데, 이는 업계 평균(4%)을 크게 상회하는 수치다. 또한, 종합 풀필먼트 서비스 제공을 통해 20~40%의 수수료를 받는 일부 판매 방식도 있으나, 전체 평균 수수료율은 7~8.5% 수준으로 알려져 있다.

2025년 4월에는 영국 럭셔리 패션 플랫폼 LYST를 1억 5,400만 달러에 인수해 미국, 영국, 유럽 시장 진출의 교두보를 마련했다. LYST는 연간 1억 6천만 명의 사용자를 27,000개 브랜드와 연결하는 플랫폼이다.

ZOZO는 ZOZOFIT 브랜드로 피트니스 및 헬스케어 시장에도 진출했다. 3D 바디 스캐닝 기술을 활용한 체지방률 계산, 12개 신체 부위 정밀 측정, AI 기반 영양 추적 등 기능을 제공하며, 미국 시장에서 사업을 확대 중이다. 연구개발 측면에서 ZOZO Research는 '패션의 정량화'라는 미션 아래 2020년 6편, 2021년 16편의 연구 논문을 발표했고, ECCV 2020, NeurIPS 2021 등 국제 학회에도 논문을 게재했다. 측정 기술은 외부 산업 파트너와의 협력에도 개방되어 있다.

일본 패션 소매시장은 2023년 기준 약 11.2조 엔, 이커머스 시장은 약 2.6조 엔 규모로 추정된다. 일본의 패션 이커머스 침투율은 약 20%로, 유럽·미국(30% 내외)보다 낮아 향후 성장 잠재력이 크다.

빌리빌리, Z세대가 만드는 콘텐츠 생태계의 미래

빌리빌리(Bilibili)는 2009년 중국 상하이에서 설립된 온라인 엔터테인먼트 및 비디오 스트리밍 기업으로, 애니메이션, 만화, 게임, 음악, 영상 등 다양한 콘텐츠를 제공하는 종합 플랫폼이다. 초기에는 일본 애니메이션과 게임 중심의 커뮤니티로 출발했지만, 이후 라이브 스트리밍, 주문형 비디오, 전자상거래 등으로 사업 영역을 확장했다.

현재 빌리빌리는 중국에서 가장 큰 온라인 비디오 사이트 중 하나로 자리 잡았으며, Z세대와 젊은 세대를 중심으로 강력한 사용자 기반을 확보하고 있다. 월간 활성 사용자는 약 3억 4천만 명, 일일 활성 사용자는 약 1억 명 수준이며, 이용자 중 18~24세 비중이 60%에 달한다. 평균 이용 시간도 경쟁 플랫폼 대비 높은 편이다.

주요 수익원은 게임, 광고, 라이브 서비스, 이커머스 등으로 다변화되어 있으며, 최근에는 오리지널 애니메이션과 IP 개발, AI 기반 추천 시스템, 크리에이터 생태계 지원 등 기술 혁신에 집중하고 있다. 빌리빌리는 인공지능을 활용해 사용자 행동을 분석하고, 개인화된 콘텐츠 추천 서비스를 제공한다. 또한, AR, MR, 초저지연 기술을 접목한 라이브 스트리밍 서비스로 경쟁력을 높이고 있다. 해외 시장 진출도 활발해 일본, 한국, 동남아 등으로 확장 중이다.

빌리빌리는 나스닥에 상장된 글로벌 기업으로, 소니, 텐센트, 알리바바 등 대형 IT 기업의 전략적 투자를 받으며 성장하고 있다. 최근에는 교육, 과학 등 지식 콘텐츠와 메타버스 플랫폼 등 신규 사업에도 진출하고 있으며, R&D 투자와 친환경·포용성 경영에도 힘쓰고 있다. 이러한 혁신과 성장 전략을 바탕으로 중국을 대표하는 엔터테크 기업으로 자리 잡았다.

라쿠텐, 엔터테인먼트를 연결하는 일본형 디지털 생태계 전략

라쿠텐은 1997년 일본에서 전자상거래 기업으로 시작해 디지털 콘텐츠, 통신, 금융, 스포츠 등 다양한 영역을 아우르는 종합 인터넷 서비스 기업으로 성장했다. 2024년 기준 총 매출은 약 150억 달러이며, 이 중 약 38억 달러(25.3%)가 엔터테인먼트 테크놀로지 관련 부문에서 발생했다. 글로벌 회원 수는 1억 8천만 명에 달하며, 일본 내 회원 수는 1억 명에 이른다.

라쿠텐의 엔터테크 전략은 디지털 콘텐츠, 모바일 서비스, 스포츠 테크놀로지, 포인트 기반 생태계라는 네 축을 중심으로 구성되며, 이들은 '라쿠텐 에코시스템'으로 통합되어 다양한 서비스를 유기적으로 연결한다.

디지털 콘텐츠 부문에서는 라쿠텐 TV, 뮤직, e북, VIKI 등 다양한 플랫폼을 운영한다. 라쿠텐 TV는 일본 내 유료 구독자 750만 명으로 4위 SVOD 플랫폼으로, 개인 맞춤형 추천 시스템 '인터레스트 그래프'를 통해 시청 시간을 평균 35% 향상시켰다. 라쿠텐 뮤직은 실시간 가상 콘서트 기능인 'Rakuten Music Live'로 팬 참여형 서비스를 제공한다. 라쿠텐 e북은 디지털 만화 시장에서 35%의 점유율을 기록하며 1위를 유지하고 있고, AI 기반 추천 및 제작 지원 도구를 도입해 창작자 생태계를 강화하고 있다. 글로벌 콘텐츠 플랫폼 VIKI는 사용자 번역 참여형 K-드라마 스트리밍 서비스로, 북미를 중심으로 5,500만 명의 MAU를 확보하고 있다.

모바일 서비스 분야에서는 클라우드 네이티브 네트워크 기반의 라쿠텐 모바일이 550만 명의 가입자를 보유하고 있으며, 콘텐츠와 통신 번들링 전략을 통해 가입자 충성도를 높이고 있다. 통합 커뮤니케이션 앱 '라쿠텐 링크'는 콘텐츠 공유, 공동 시청 기능 등을 통해 소셜 시청 수요에 대응하고 있다.

스포츠 테크놀로지 분야에서는 라쿠텐 골든이글스(프로야구), FC 바르셀로나, 골든스테이트 워리어스 등과 파트너십을 맺고 'Rakuten Sports' 플랫폼을 통해 중계, 팬 커뮤니티, 티켓팅, 굿즈 쇼핑을 통합 제공하고 있다. 'Immersive View' 기술은 증강현실 기반의 맞춤형 시청 경험을 제공하며, 'Player Vision' 시스템은 AI로 선수 데이터를 실시간 분석해 코칭에 활용된다. 스마트 스타디움 기술은 얼굴 인식 입장, 모바일 주문 등 첨단 팬 서비스를 구현 중이다.

2024년에는 스포츠 관련 NFT 플랫폼을 출시해 85만 개의 디지털 아이템을 판매하고, 3,200만 달러의 거래액을 기록했다. 향후 NFT를 통해 독점 콘텐츠와 팬 참여 경험을 제공할 계획이다.

글로벌 시장에서는 북미의 '라쿠텐 리워드' 플랫폼과 콘텐츠 결합 전략이 효과를 보이고 있으며, 유럽에서는 전자책 플랫폼 코보(Kobo)를 통해 프랑스, 이탈리아 등에서 입지를 강화하고 있다.기술 연구 개발 측면에서는 Rakuten Institute of Technology를 중심으로 AI, AR, 메타버스 등 차세대 기술 개발에 집중하고 있다. 'R.World' 프로젝트는 라쿠텐의 서비스를 통합한 메타버스 플랫폼으로 개발 중이다.

향후 전략 방향은 세 가지다. 첫째, 쇼핑, 콘텐츠, 통신 등을 아우르는 '라이프스타일 슈퍼앱' 구축. 둘째, 스포츠 관람과 참여를 결합한 '스포츠 메타버스' 구현. 셋째, 일본 및 아시아 콘텐츠의 글로벌 유통을 확대하는 '크로스보더 콘텐츠 플랫폼' 전략이다. 라쿠텐은 2027년까지 아시아 콘텐츠 유통에 10억 달러를 투자할 계획을 발표하며 시장 확대를 본격화 했다.

사눅, 지역 문화와 테크놀로지의 결합으로 태국을 넘어 아세안으로

사눅(Sanook)은 1998년 태국에서 설립된 종합 디지털 콘텐츠 플랫폼으로, 뉴스, 게임, 음악, 라이브 스트리밍 등 다양한 콘텐츠를 제공하며 현지에서 '즐거움'을 대표하는 브랜드로 자리 잡았다. 2010년 중국의 텐센트에 인수된 이후, 글로벌 기술력과 태국 현지 문화 이해를 융합하며 동남아시아 디지털 콘텐츠 시장의 핵심 기업으로 성장하고 있다.

2024년 사눅의 총 매출은 약 4.5억 달러로 전년 대비 28% 증가했으며, 2025년 1분기 매출은 전년 동기 대비 35% 성장한 1.35억 달러에 달한다. 주요 수익원은 디지털 광고(45%), 게임 및 콘텐츠 판매(30%), 라이브 스트리밍(18%)이다. 특히 라이브 부문은 65%의 고성장률을 기록하며 주력 분야로 부상했다.

월간 활성 사용자는 3,800만 명으로 태국 인구의 절반 이상이며, 18~34세 이용자가 68%를 차지한다. 평균 체류 시간은 일 72분으로, 경쟁 플랫폼 대비 1.8배 높은 수치다.

사눅의 사업은 뉴스·엔터 콘텐츠 포털, 게임 플랫폼, 라이브 스트리밍, 크리에이터 생태계 네 가지 축으로 구성된다. 뉴스 포털 'Sanook.com'은 태국 웹사이트 중 2위를 차지하며, K-팝과 현지 연예뉴스, 지역 이슈에 강점을 보인다. 오리지널 콘텐츠 제작도 강화되어 2024년에는 60편 이상의 시리즈와 다큐멘터리에 1.2억 달러가 투자됐다.

게임 부문은 텐센트의 글로벌 게임을 현지화해 제공하며, 'PUBG 모바일'과 'Honor of Kings' 등이 대표작이다. 25개 현지 게임 스튜디오와 협업해 생태계도 확대 중이다.

라이브 서비스 'Sanook Live'는 일일 동시 시청자 180만 명, 월간 시청자 1,750만 명을 확보하고 있다. 음악·요리·게임 등 다양한 분야의 콘텐츠가 가상 선물 기반 수익화 모델과 함께 운영되며, 크리에이터 12만 명 이상이 활동 중이다.

기술력 측면에서는 태국어 대규모 언어 모델 'ThaiLM'과 콘텐츠 추천 시스템 'SanookRec'을 통해 태국 문화와 언어 특성에 맞춘 사용자 경험을 제공하고 있다. 특히 추천 정확도는 글로벌 평균 대비 62% 우수하다.

2024년 개소한 'Sanook Creator Campus'는 연간 8,000명의 크리에이터를 교육·지원하며, 스튜디오, 편집실, 장비 대여 등 인프라를 제공해 현지 콘텐츠 제작 활성화에 기여하고 있다.

음악 스트리밍 'Sanook Music'은 전통 음악인 루크퉁, 모람 등을 포함한 맞춤 추천으로 태국 중장년층과 농촌 사용자를 성공적으로 확보하며 시장 점유율 22%를 달성했다.

동남아 확장 전략으로는 'Sanook ASEAN' 프로젝트가 주목받는다. 2024년 베트남과 필리핀에 진출하며, 각국 문화와 언어에 특화된 서비스를 선보이고 있다. 또한 현지 미디어 기업과 협업해 콘텐츠 확보력을 강화했다.

수익 모델은 광고 외에도 프리미엄 콘텐츠, 게임 내 결제, 가상 선물, 크리에이터 마케팅 등으로 다각화되고 있다. 사용자 리워드 시스템 'Sanook Points'는 플랫폼 참여도를 높이는 데 효과적이다.

향후 전략은 세 방향으로 전개된다. 첫째, '팬-아세안 콘텐츠 허브'로의 전환. ASEAN Creator Exchange 프로그램을 통해 태국과 주변국 간 콘텐츠 교류 및 공동 제작을 촉진한다. 둘째, 동남아 언어별 AI 언어 모델 개발에 2억 달러를 투자해 추천·번역·검색 등 기술 고도화를 추진한다. 셋째, 문화와 테크놀로지를 결합한 'T-Wave' 프로젝트를 통해 태국 콘텐츠의 글로벌화에 나선다.

주목받는
글로벌 엔터테크 스타트업

전통적인 콘텐츠 기업과 플랫폼 대기업들이 엔터테인먼트 산업의 구조를 새롭게 짜고 있는 한편, 전 세계의 유망 스타트업들도 기술 기반의 창의성과 민첩성을 바탕으로 엔터테크 시장에 강력한 영향력을 발휘하고 있다. 지니스, 픽셀롯, 웨이브, 대퍼 랩스, 세타 랩스, 아웃핏7 등은 각자의 전문 기술을 기반으로 콘텐츠의 생성, 유통, 참여 방식에 혁신을 더하며 기존 산업 질서에 도전하는 대표적인 기업들이다.

   이들 기업은 아바타, 가상 공연, 무인 스포츠 중계, 블록체인 기반 소유권, 분산형 스트리밍, 감정 인식 AI 등으로 각자의 핵심 역량을 구축하고 차별화를 이뤄내고 있다. Z세대와 알파 세대의 디지털 정체성과 몰입적 소비 행태를 이해하고, 이들을 위한 맞춤형 인터페이스와 플랫폼을 설계한다는 점에서, 대기업보다 오히려 앞선 감각을 보여주고 있다. 이들 기업이 어떻게 각자의 기술과 비전으로 새로운 엔터테크 생태계를 구축하고 있는지, 미래 콘텐츠 산업에 어떤 변화를 이끌고 있는지 구체적으로 살펴보자.

지니스, 아바타 기술로 Z세대를 사로잡은 플랫폼

지니스(Genies)는 2017년 아킬 코갈과 에반 로젠블럼이 설립한 미국의 스타트업으로, 디지털 아바타와 가상 패션을 중심으로 아바타 생태계를 구축해왔다. 특히 Z세대와 알파 세대를 겨냥한 감각적인 아바타 스타일과 셀러브리티 중심의 IP 전략으로 주목받는다. 누적 투자액은 4억 달러, 2024년 시리즈 D 기준 기업 가치는 12억 달러에 달한다.

지니스의 사업은 세 가지로 구성된다. 첫째, 3D 아바타 생성 앱 '지니스 스튜디오'는 월간 활성 사용자 1,850만 명을 기록하며 Z세대 이용자의 높은 체류 시간을 바탕으로 빠르게 성장 중이다. 둘째, 셀러브리티 아바타 IP 사업을 통해 저스틴 비버, 카디 비 등 2,500여 명의 아바타 권리를 확보하고, 가상 콘서트와 디지털 패션 판매 등으로 수익을 창출한다. 셋째, NFT 기반 가상 패션 마켓플레이스 '더 웨어하우스'는 연간 거래 규모 3억 8,400만 달러를 기록하며 시장 점유율 19%를 차지하고 있다.

지니스의 기술력도 차별화 요소다. '아이덴티티 엔진'을 활용해 사용자 특성과 얼굴 이미지 기반의 맞춤형 아바타를 자동 생성하며, 900만 개 이상의 커스터마이징 옵션을 제공한다. '감정 표현 기술'과 실시간 표정 인식 기능은 소셜 앱과 연동해 아바타의 몰입도를 높인다. 또한 '리얼타임 아바타 모션' 기술은 스마트폰만으로도 정교한 모션 캡처가 가능하게 하며, 아바타 커뮤니케이션의 새로운 패러다임을 제시한다.

메타버스 확장도 본격화되고 있다. 현재 베타 테스트 중인 '지니스 월드'는 사용자들이 가상 공간에서 창작과 상거래를 할 수 있도록 하며, 상위 크리에이터들은 월 8,500달러 이상의 수익을 올리고 있다. 또한 '디지털 트윈' 프로그램은 실물 패션을 구매하면 아바타용 버전을 함께 제공해, 구찌, 프라다 등 브랜드들과 협력 중이다.

향후 전략으로는 아바타의 플랫폼 간 이동성을 높이는 'Genies Connect' API, 메타-인플루언서를 통한 새로운 마케팅 모델, 실물 구매와 연동된 '아바타 커머스' 시스템을 중심으로 사업을 확대하고 있다. 투자자들은 지니스가 2030년까지 디지털 아바타 시장의 25%를 차지할 것으로 전망하고 있다.

픽셀롯, AI를 활용한 스포츠 미디어 테크놀로지 선도 기업

픽셀롯(Pixellot)은 2013년 설립된 이스라엘의 스포츠 테크 스타트업으로, AI 기반 무인 카메라 시스템과 자동 연출 기술을 통해 스포츠 중계의 고비용 구조를 근본적으로 재편하고 있다. "Every

Player, Every Game, Every Venue"라는 비전 아래, 프로 경기부터 유소년 스포츠까지 모든 경기의 영상화와 데이터화를 가능케 하며 스포츠 미디어의 민주화를 실현하고 있다.

픽셀롯의 대표 제품인 PixellotPRO는 무인 설치형 8K 카메라로, 별도의 촬영 인력 없이도 고품질의 중계 영상을 자동 생성한다. 현재 전 세계 19,000개 이상 경기장에 도입되었고, 매달 약 45,000건의 경기를 처리하고 있다. AI 연출 시스템인 AutoDirector는 선수와 공의 움직임을 분석해 줌, 패닝, 리플레이까지 자동 제어하며, 인간 디렉터 수준의 연출 품질을 제공한다.

이 기술력은 단순 중계를 넘어 Pixellot Coaching 플랫폼으로 확장된다. 이 서비스는 영상 분석을 통한 선수별 하이라이트 생성, 팀 전술 분석, 경기 예측 등 코칭에 필요한 정보를 자동 제공하며, 3,500개 이상의 팀이 사용 중이다. 교육·훈련 시간을 절감하면서도 전략적 효과를 높이는 데 기여한다.

또한 Pixellot Stream 플랫폼은 학교나 클럽이 자체적으로 경기 중계 채널을 운영하고 수익화할 수 있도록 돕는다. OTT 서비스, 광고 삽입, VOD 운영 등 기능이 통합되어 있으며, 사용 조직은 수익의 최대 80%를 가져간다. 이를 통해 연간 수만 달러의 수익을 창출하는 고등학교도 증가하고 있다.

픽셀롯은 미국 고등학교 체육협회(NFHS), MLB, 라리가, 분데스리가 등과 전략적 파트너십을 맺으며 프로 및 아마추어 시장 모두를 공략 중이다. 특히 미국 고등학교의 약 50%가 픽셀롯 시스템을 도입할 것으로 전망된다.

최근에는 AR 기반 시청 플랫폼 Pixellot Vision, 스포츠 특화 생성형 AI PixellotGPT, 그리고 글로벌 유소년 스포츠 네트워크 구축 등 미래형 서비스도 속속 개발 중이다. PixellotYouth라는 프로젝트도 진행중인데, 이는 개발도상국 학교에 저가형 장비를 보급해 유망 선수 발굴과 글로벌 노출 기회를 제공하는 프로젝트로, 2025년 기준 12개국에서 운영 중이다.

2024년 기준 매출은 약 1.8억 달러, 2025년에는 약 2.9억 달러에 이를 것으로 예상되며, 하드웨어, SaaS 구독, 데이터 분석 서비스 등에서 수익 다각화를 이루고 있다.

웨이브, 가상 공연의 미래를 디자인하는 인터랙티브 음악 플랫폼

웨이브(Wave)는 2016년 설립된 미국의 테크 기업으로, 아티스트와 팬을 연결하는 가상 콘서트 플랫폼 분야에서 선도적인 위치를 확보하고 있다. 고도화된 모션 캡처, 실시간 3D 렌더링, 딥러닝 기반 아바타 기술을 결합하여 몰입도 높은 디지털 공연 경험을 제공한다. 2024년까지 누적 투자액은 1.8억 달러에 달하며, 라이브 네이션, 워너 뮤직 그룹 등 글로벌 음악 산업 핵심 기업과의 전략적 제휴를 기반으로 성장해왔다.

웨이브의 가장 큰 차별점은 '인터랙티브 공연 기술'이다. 팬들은 공연 중 이모티콘 응원, 무대 효과 조작, 선물 전송 등으로 직접 참여할 수 있다. 이러한 상호작용은 시청자의 몰입도와 체류 시간을 높이며, 실제 공연과 유사한 '참여형 라이브' 환경을 구현한다. 2023~24년 동안 위켄드, 저스틴 비버, 블랙핑크 등과 협업해 누적 시청자 1.2억 명, 공연당 평균 1,800만 명을 기록했고, 평균 시청 시간은 48분에 달했다.

웨이브의 수익 모델은 티켓 판매(35%) 가상 상품/NFT(28%) 브랜드 스폰서십(22%) 아티스트 로열티(15%) 등으로 구성된다. 특히 가상 굿즈 판매가 급증하며 공연당 평균 320만 달러의 거래액을 달성하고 있다. 2024년부터는 독립 앱 'Wave: Live in Concert'를 출시해 월 9.99~24.99달러 구독형 모델을 운영 중이며, 6개월 만에 70만 명의 유료 사용자를 확보했다.

기술 혁신도 주목할 만하다. Crowd Sync는 수십만 명의 팬이 실시간으로 무대에 영향을 줄 수 있는 대규모 집단 인터랙션 기술이며, AI Crowd는 인공지능 가상 관객이 공연의 활기를 더한다. 이외에도 아시아 시장 확대를 위해 서울에 아태 본부를 설립하고, K-팝 중심의 콘텐츠 전략을 강화하고 있다.

2025년 하반기, 웨이브는 누구나 손쉽게 가상 공연을 제작할 수 있는 'Wave Creator Platform'을 출시할 예정으로, 중소 아티스트들의 접근 가능성을 넓히고 생태계를 확장할 계획이다. 향후 웨이브는 기술과 음악의 융합을 통해 새로운 형태의 공연 문화를 제시함으로써 디지털 엔터테인먼트 산업의 핵심 플랫폼으로 자리 잡기 위한 도전을 계속해나갈 것이다.

대퍼 랩스, 블록체인 기반 엔터테인먼트 혁신의 선두주자

대퍼 랩스(Dapper Labs)는 2018년 로햄 가레고즐루(Roham Gharegozlou)가 설립한 캐나다 기반 블록체인 테크 기업으로, 스포츠 및 대중문화 IP와의 협업을 통해 NFT 기반 디지털 소유권 경험을 대중화한 선도적 기업이다. 대표작인 'NBA Top Shot'을 통해 블록체인 진입 장벽을 낮추고 웹3 경험을 일상화하는 데 성공했으며, 자체 개발한 Flow 블록체인을 기반으로 누구나 쉽게 접근 가능한 엔터테인먼트 생태계를 구축하고 있다.

2025년 기준, 대퍼 랩스의 기업 가치는 약 78억 달러로, 7.5억 달러 이상의 누적 투자를 유치했으며, 안드레센 호로위츠(a16z), 구글 벤처스 등 유수의 벤처캐피털이 주요 투자자로 참여했다. 'NBA Top Shot'은 누적 거래액 10억 달러를 돌파했으며, 사용자 중 약 80%가 블록체인 초보자라는 점에서 진입 장벽 해소와 대중화를 동시에 이뤄낸 사례로 평가된다.

이후 NFL, UFC, 라리가 등 글로벌 스포츠 리그와의 협업을 통해 'NFL All Day', 'UFC Strike', 'LaLiga Golazos' 등의 플랫폼을 론칭하며 스포츠 NFT 시장에서 약 65%의 점유율을 확보하고 있다. 이 성공의 핵심은 확장성과 사용자 경험에 최적화된 자체 블록체인 플랫폼인 Flow다. Flow는 개발자 친화적인 'Cadence' 언어와 멀티노드 구조를 바탕으로 빠른 처리 속도, 낮은 수수료, 직관적인 인터페이스를 제공하며, 현재 3,000개 이상의 앱과 50만 명 이상의 개발자가 참여 중이다.

스포츠 외에도 2024년 디즈니와의 파트너십을 통해 'Disney Pinnacle'을 출시하고, 스타워즈·마블·픽사 IP 기반 디지털 핀 컬렉션을 선보이며 첫 달 8,500만 달러의 거래액을 기록했다. 음악 분야에서는 유니버설 뮤직 그룹과 협력해 음악 NFT 플랫폼 'Melodia'를 론칭, 한정판 디지털 앨범과 콘서트 액세스 NFT 등을 제공하며 음악 산업의 웹3화를 가속하고 있다.

2025년 대퍼 랩스는 'Entertainment OS'를 전략적으로 발표하며, 다양한 미디어 기업과 크리에이터가 노코드 툴인 'Dapper Studio'를 통해 자체 NFT 및 마켓플레이스를 구축할 수 있도록 지원하고 있다. 이 플랫폼은 출시 3개월 만에 8,500개 프로젝트를 생성하며 빠른 확장을 보이고 있다.

수익 모델은 NFT 거래 수수료(5%) 초기 NFT 판매 IP 파트너십 라이선싱 Flow 기반 서비스 이용료로 구성되며, 2024년 기준 연매출은 3.8억 달러를 기록했다. 향후 전략으로는 IP 간 자산 연동성과 활용성을 극대화하는 'Flow Multiverse' 구축이 예정되어 있으며, 2025년 10월 베타 출시될 예정이다.

세타 랩스, 블록체인 기반 분산형 스트리밍 인프라의 개척자

세타 랩스(Theta Labs)는 2017년 설립된 미국의 블록체인 기술 기업으로, 고비용·고집중형 스트리밍 모델의 한계를 극복하기 위해 분산형 콘텐츠 전송 네트워크(CDN)를 개발하고 있다. 유휴 대역폭을 가진 사용자들이 엣지 노드로 참여해 네트워크에 기여하고, 보상으로 THETA 및 TFUEL 토큰을 받는 자원 공유 경제 모델을 기반으로 한다.

이 네트워크는 2025년 초 기준 월간 250만 개 활성 노드를 보유하고 있으며, 삼성, 소니, 구글 등 20여 개 글로벌 기업이 엔터프라이즈 검증 노드로 참여하고 있다. 세타의 멀티 레벨 BFT 합의 알고리즘과 비디오 최적화 캐싱 기술은 지연 시간 최소화 및 최대 80%의 대역폭 비용 절감을 가능케 했다.

2024년에는 리그 오브 레전드, Ultra Music Festival 등 30건 이상의 글로벌 라이브 이벤트 스트리밍 계약을 체결하며 콘텐츠 분산 전송의 안정성을 입증했다. 특히 2,800만 명이 동시 접속한 리그 오브 레전드 월드 챔피언십 생중계는 기술적 완성도의 대표 사례로 평가받는다.

세타의 서비스는 Theta Video API, EdgeCloud, ThetaDrop 세 축으로 구성된다. Theta EdgeCloud는 AI 기반 영상 분석 및 추천 엔진을 분산형 방식으로 처리해 기존 클라우드 대비 최대 65% 비용 절감을 제공하는데, 현재 넷플릭스, 디즈니+, 트위치 등이 주요 고객이다. NFT 마켓인 ThetaDrop은 친환경적 구조를 갖추고 케이티 페리(Katy Perry), 스티브 아오키(Steve Aoki) 등과의 협업으로 누적 거래액 3.5억 달러를 기록했다.

비즈니스 모델은 기업용 분산형 스트리밍 API, 엣지컴퓨팅 기반 연산 제공, NFT 거래 수수료(2.5%) 중심으로 구성되며, 2024년 연

매출은 약 4,200만 달러를 기록했다. 시장 측면에서는 2025년 기준 약 42억 달러 규모의 분산형 스트리밍 시장에서 18%의 점유율을 확보하고 있으며, 연평균 성장률 32.5%를 보이고 있다.

2025년에는 고도화된 'Theta 4.0'과 미디어 특화 레이어2 솔루션 'Theta Media Chain'을 도입해 트랜잭션 처리 속도, 실시간 로열티 분배, 콘텐츠 인증 기능을 강화할 예정이다. 또 메타버스 전용 SDK, VR/AR 콘텐츠 전송 기능을 통해 몰입형 미디어 환경으로 영역을 확장하고 있다.

더불어 'Theta Creator Platform'은 유튜브, 트위치와 같은 중앙집중형 플랫폼을 대체할 수 있는 탈중앙 콘텐츠 유통 플랫폼으로, 최대 95% 수익 배분, 콘텐츠 소유권 보장 등 크리에이터 중심 구조를 갖췄다.

아웃핏7, 디지털 펫 시뮬레이션에서 엔터테크 플랫폼으로 진화

아웃핏7(Outfit7)은 2009년 슬로베니아에서 설립된 모바일 앱 및 엔터테인먼트 기업으로, 대표 IP인 '토킹 톰(Talking Tom)' 시리즈로 전 세계 160억 다운로드를 기록하며 디지털 펫 시뮬레이션 시장을 선도하고 있다. 2017년 중국 진다그룹에 약 10억 달러에 인수된 이후, 기술과 콘텐츠를 융합한 종합 엔터테인먼트 플랫폼으로 진화하고 있으며, 2025년 기준 기업 가치는 약 18억 달러로 평가된다.

디지털 펫 장르 내 아웃핏7의 시장 점유율은 37%에 달하며, 특히 아시아 사용자 비중이 42%로 두드러진다. 감정 인식 AI를 탑재한 'My Virtual Pet' 시리즈는 사용자 표정·음성·행동을 인식해 감정에 맞는 상호작용을 제공하고, 평균 체류 시간을 42% 증가시키며 몰입도를 극대화했다.

아웃핏7은 단순한 앱 개발을 넘어 애니메이션, 교육, 소비재까지 아우르는 크로스플랫폼 생태계를 구축했다. 유튜브와 넷플릭스 등에서 방영된 '토킹 톰 앤 프렌즈' 애니메이션은 누적 300억 뷰, 전 세계 10억 명 이상 시청자를 확보하고 있다. 교육 앱인 'Talking Tom Math Adventure'는 게임 기반 학습 콘텐츠로 2억 명 이상의 어린이 이용자를 끌어모았으며, 팬데믹 이후 교육용 디지털 콘텐츠로 더욱 주목받고 있다.

라이선싱 상품도 강세를 보이며, 2025년 소비재 부문 매출은 약 7억 달러로 전년 대비 22% 성장했다. 글로벌 시장 확대 전략도 공격적으로 진행 중이며, 중국에서는 진다그룹과의 협업을 통해 현지 특화 콘텐츠를 제작해 월간 사용자 수가 1억 명을 돌파했고, 인도 시장에는 저사양 기기용 라이트 버전을 출시해 2년 만에 사용자 기반을 3배 확대했다.

기술 확장 면에서도 아웃핏7은 적극적이다. AR 기반의 'Pet Companion'은 현실 공간과 상호작용하는 디지털 펫 경험을 제공할 예정이며, 블록체인 기반의 NFT 소유권 시스템도 준비 중이다. 사용자는 자신만의 펫 캐릭터를 NFT 형태로 소유·교환할 수 있게 된다. 여기에 생성형 AI를 활용한 맞춤형 스토리텔링 기능도 테스트

중으로, 사용자 선호에 기반한 콘텐츠를 자동 생성하는 기술이 접목되고 있다.

경쟁이 치열한 모바일 게임 시장에서 아웃핏7은 AI·데이터 기반 기술력과 강력한 IP를 바탕으로 차별화된 위치를 확보하고 있다. 특히 연구개발 투자 확대, 기술 스타트업 인수, 문화별 콘텐츠 현지화 전략은 플랫폼 확장에 기여하고 있다. 게임, 교육, 미디어, 커머스를 연결하는 이들의 접근 방식은 글로벌 엔터테크 산업의 주목할 만한 성장 모델로 자리매김하고 있다.

5장
한국 엔터테크
기업들의 움직임

주요 엔터테인먼트 기업들

한국의 대형 엔터테인먼트 기업들은 엔터테크 혁신에 발전에 발맞춰 콘텐츠 산업의 디지털 전환에 빠르게 대응하는 중이다. SM, 하이브, JYP, 카카오엔터테인먼트, YG 등은 AI, XR, 블록체인, 메타버스 등 첨단 기술을 콘텐츠 전반에 적극적으로 도입하고 있으며, 팬과의 상호작용, IP 확장, 글로벌 플랫폼 전략 등에서 각기 다른 방식으로 차별화된 경쟁력을 구축해 나가고 있다.

이들은 아티스트 매니지먼트나 콘텐츠 제작 등 기존 사업 영역을 발판으로 플랫폼 기술, 팬덤 기반 커머스, 실감형 공연, AI 기반 제작 시스템, NFT를 활용한 디지털 자산화 등 기술을 매개로 팬 경험과 수익 구조 전반을 혁신 중이다. 특히 K-팝 관련 IP를 기술 생태계 안에서 다층적으로 확장하는 전략은 이들을 글로벌 콘텐츠 시장의 핵심 플레이어로 끌어올리는 동력이 되고 있다. 각 기업들이 산업 내에서 어떤 차별적 위치를 점하고 있는지 살펴보자.

SM엔터테인먼트, K-팝 혁신의 선두주자

SM엔터테인먼트는 엔터테크 관점에서 K-팝 산업의 혁신을 주도해온 대표적 기업이다. SM은 단순한 연예기획사를 넘어, 첨단 기술과 엔터테인먼트의 융합을 통해 새로운 산업 표준을 제시하고 있다.

SM은 캐스팅, 트레이닝, 프로듀싱, 매니지먼트, 마케팅 등 엔터테인먼트 산업의 전 과정을 체계화한 '컬처 테크놀로지(CT)' 시스템을 도입했다. 이는 감각에 의존하던 기존 제작 방식과 달리, 데이터와 기술에 기반한 체계적인 자료 축적과 활용을 강조한다. 이수만 전 프로듀서는 CT를 "IT 시대를 넘어설 문화기술"로 정의하며, K-팝 성공의 핵심 비결로 꼽았다.

SM은 SM 컬처 유니버스(SMCU)라는 메타버스형 스토리텔링 프로젝트를 통해, 아티스트와 음악, 세계관을 하나로 연결하는 통합적 디지털 콘텐츠 생태계를 구축하고 있다. 대표적으로 에스파(aespa)는 현실 멤버와 AI 기반 가상 아바타가 공존하는 세계관으로 데뷔했으며, SMCU는 블록체인, AI, AR/VR 등 첨단 기술을 결합한 미래형 엔터테인먼트 모델의 상징이다.

2020년 SM은 세계 최초 온라인 전용 유료 콘서트 'Beyond LIVE'를 선보였다. 이 플랫폼은 AR, 3D 홀로그램, XR 등 신기술을

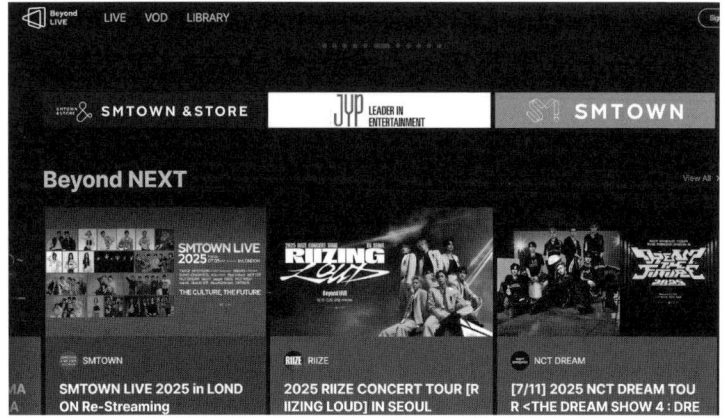

SM엔터테인먼트의 온라인 유료 콘서트 'Beyond LIVE' (출처: www.beyondlive.com)

공연에 적용해, 팬들이 전 세계 어디서든 실시간으로 몰입감 있는 공연을 경험할 수 있게 했다. 이는 단순 스트리밍을 넘어, 공연 경험 자체를 디지털로 혁신한 사례로 평가받는다.

SM은 AI와 블록체인 기술을 활용해 팬 서비스를 혁신하고 있다. 팬 데이터를 분석해 맞춤형 서비스를 제공하고, NFT, 디지털 멤버십, 자체 암호화폐 등으로 새로운 형태의 팬덤 경제를 구축 중이다. 블록체인은 창작자와 팬, 아티스트 간 공정한 수익 분배와 투명성을 보장하며, 팬의 기여도에 따른 보상 시스템도 실험하고 있다.

글로벌 엔터테크 협력도 강화하고 있다. SM은 카카오 및 해외 IT 기업과 협력해, AI, 버추얼 휴먼, 글로벌 팬덤 플랫폼 등 차세대 엔터테크 사업을 적극 확장하고 있다. 북미 등 글로벌 시장을 겨냥한 음악·스토리·미디어 IP 융합 프로젝트와 현지화된 매니지먼트 시스템을 구축해, K-팝의 세계화를 가속화하고 있다.

SM의 엔터테크 전략은 콘텐츠 산업의 디지털 전환과 창작·유통·소비 방식의 혁신을 이끌고 있다. 메타버스, AI, 블록체인 등 신기술을 접목해 팬과 아티스트의 상호작용을 극대화하고, IP 가치와 수익 모델을 다각화하는 등, 엔터테인먼트 산업의 미래 방향을 제시하고 있다.

하이브, 위버스 중심의 엔터테크 플랫폼으로의 진화

하이브는 2005년 방시혁 의장이 빅히트 엔터테인먼트로 설립해 2021년 지주회사 체제로 전환하며 현재의 모습을 갖춘, K-팝을 대표하는 글로벌 엔터테인먼트 기업이다. 2024년 하이브는 연 매출 2조 2,545억 원(약 16.5억 달러)을 기록하며 3년 연속 10억 달러 매출을 달성했다. 영업이익은 1,848억 원으로 전년 대비 37.5% 감소했는데, 이는 BTS 멤버들의 군 복무, 신사업(위버스, 게임 등) 투자 확대가 주요 원인으로 꼽힌다.

하이브의 핵심 플랫폼인 위버스는 2019년 출시된 팬 커뮤니티 중심 통합 서비스로, 아티스트와 팬의 소통, 콘텐츠 감상, 커머스 기능을 한 곳에서 제공한다. 2024년 기준 누적 다운로드 1억 5천만 건을 돌파했으며, 월간 활성 사용자(MAU)는 940만 명에 이른다. 위버스 이용자의 90%가 해외 사용자로, K-팝의 글로벌 영향력을 입증한다. 플랫폼 내에는 162개의 아티스트 커뮤니티가 운영되고 있으며, BTS는 2,550만 명의 팔로워로 최다 팬을 보유하고 있다. 위버스 라이브는 2024년 한 해 동안 5,787회 방송, 4,779시간의 콘텐츠를 제공했고, 1,125만 명의 고유 사용자가 4억 2,600만 회 시청했다. BTS 정국의 "Missed You a Lot" 라이브는 2,300만 실시간 시청자를 기록하며 플랫폼의 기술적 역량과 팬덤의 열기를 보여주었다.

하이브는 2023년 1월 AI 음성 합성 전문기업 수퍼톤을 450억 원에 인수했다. 이 기술은 2023년 미드낫(이현)의 곡 'Masquerade'를 6개 언어로 동시 발표하는 데 활용되었고, 2024년 출시된 실시간 음성 변환 도구 'Supertone Shift'는 6개월 만에 35만 명의 구독자를 확보하며 상용화 가능성을 입증했다.

2024년 3월, 하이브는 세계 최대 음악 기업인 UMG와 10년간의 독점 글로벌 유통 계약을 체결했다. UMG는 위버스에 소수 지분 투자도 단행해, 단순한 유통을 넘어 플랫폼 차원의 협력 관계를 구축했다. 이 계약을 통해 하이브 소속 아티스트들의 음반과 디지털 음원이 UMG의 글로벌 네트워크를 통해 유통된다. 2024년에는 아리아나 그란데, 두아 리파 등 16개 글로벌 아티스트 팀이 위버스에 새롭게 합류했다.

위버스샵은 2024년 2,060만 개의 상품을 판매해 전년 대비 13% 증가했고, 디지털 상품(아티스트 멤버십, 온라인 콘텐츠 등)은 340만 개가 판매되어 24%의 성장률을 보였다. BTS ARMY 멤버십, 세븐틴 CARAT 멤버십 등은 해외 시장에서 큰 인기를 얻었다.

2024년 하이브의 매출 구조를 보면 '아티스트 간접 참여' 부문(머

천다이징, 라이선싱, 위버스 등)이 8,093억 원으로 전년 대비 14.5% 증가했다. 영업비용은 9.9% 증가해 영업이익이 감소했으나, 이는 BTS의 일시적 활동 중단과 신성장 사업 투자에 기인한다. 2025년부터는 위버스 프리미엄 서비스의 무료 체험 종료 등으로 플랫폼 매출 증가가 기대된다.

하이브는 2024년에도 K-팝 산업을 선도하며, 다양한 아티스트의 활약과 공연·MD 부문의 성장, 글로벌 플랫폼 전략을 통해 지속 가능한 성장 기반을 다졌다. AI, 블록체인, 실감형 기술을 융합한 플랫폼 혁신으로 아티스트와 팬의 관계를 재정의하며, 음악 산업의 디지털 전환을 주도하는 혁신 기업으로 자리 잡아가고 있다.

JYP, AI와 XR로 만드는 차세대 K-팝 플랫폼

JYP엔터테인먼트는 1996년 박진영이 설립한 K-팝 기획사로, 트와이스, 스트레이 키즈, ITZY 등 글로벌 아티스트를 배출했다. 2023년 기준 JYP의 매출은 약 4,300억 원이며, 영업이익률은 35% 내외로 업계 최고 수준이다.

JYP는 AI, XR, AR 등 첨단 기술을 공연, 음악 제작, 팬 경험에 적극적으로 도입하고 있다. 자회사 Blue Garage를 통해 AI·IP·플랫폼 기술 융합 사업을 추진하며, 기술 인재를 영입해 콘텐츠 제작과 글로벌 시장 공략을 강화하고 있다. 공식적인 R&D 투자 비중은 공개되지 않았으나, 기술 융합과 스타트업 협업 전략을 지속적으로 추진 중이다.

공연 및 음악 제작에서는 XR 기반 온라인 콘서트, 3D 아바타, AR 무대 등 IT와 IP를 결합한 신규 플랫폼 사업(JYP Three Sixty 등)을 전개하고 있다. 실제로 2020년대 초반부터 온라인 콘서트, AR 아바타, 인터랙티브 무대 등 첨단 기술을 활용한 공연을 다수 진행했다. AI·딥러닝 기반 음악 제작 지원 시스템도 연구·적용 중이며, Blue Garage의 AI Business Dept.가 AI 기반 음악 콘텐츠 개발을 주도하고 있다.

팬 경험 측면에서는 NFT, AR, 디지털 굿즈 등 다양한 기술을 팬덤 플랫폼에 도입하고 있다. JYP Three Sixty는 글로벌 팬덤과 IP 비즈니스 확장에 집중하는 신규 사업 법인으로, ITZY, 트와이스 등 주요 아티스트의 AR 아바타, 디지털 팬카드, NFT 프로젝트 등이 실제로 운영되고 있다.

JYP는 라이브네이션, 리퍼블릭 레코드 등 글로벌 기업과의 전략적 파트너십을 통해 아티스트의 월드투어, 글로벌 유통, 마케팅을 강화하고 있다. 글로벌 플랫폼 협력, 메타버스, XR 등 신기술 도입은 JYP의 중점 전략에 포함되어 있다.

지속가능경영 측면에서 JYP는 2022년 업계 최초로 지속가능경영 보고서를 발간했고, 2023년에는 MSCI ESG 평가에서 K-팝 기업 중 최고 등급인 'AA'를 획득했다. 디지털 중심 전략을 통해 물리적 앨범과 굿즈 생산 비중을 줄이고, 친환경 경영을 강화하고 있다.

JYP는 AI 기반 트레이닝 시스템, 보컬·댄스 분석 등 기술을 활용한 연습생 교육 시스템을 실제로 도입·운영하고 있다. AI 기반 트레이닝과 글로벌 K-팝 교육 확장 계획도 중장기 전략에 포함되어 있다.

카카오엔터테인먼트, 웹툰·음악·AI로 글로벌 IP 생태계 구축

카카오엔터테인먼트는 2021년 3월, 카카오페이지와 카카오M의 합병을 통해 출범한 종합 콘텐츠 기업이다. 웹소설, 웹툰, 음악, 드라마, 영화 등 다양한 장르의 IP(지식재산권)를 보유하고 있으며, 이들 콘텐츠를 바탕으로 국내외 시장에서 사업을 확장하고 있다. 2024년 1월에는 '카카오엔터테인먼트 글로벌'을 설립해 북미, 유럽, 동남아 등 41개 언어권을 대상으로 서비스를 확대하며 글로벌 콘텐츠 기업으로서의 입지를 강화하고 있다.

2023년 기준 카카오엔터테인먼트의 공식 매출은 약 1조 8,735억 원, 영업이익은 약 806억 원을 기록했다. 매출은 전년 대비 약 0.5% 증가했고, 영업이익은 약 16% 성장했다. 해외 매출 비중은 약 20% 내외로, 글로벌 시장에서의 영향력도 점차 확대되고 있다.

카카오엔터테인먼트의 핵심 전략은 '슈퍼 IP' 전략으로, 하나의 원천 콘텐츠를 웹툰, 드라마, 게임, 음악 등 다양한 미디어로 확장하는 트랜스미디어 방식을 적극적으로 추진하고 있다. 대표적으로 웹소설 〈재혼황후〉가 웹툰, 드라마, 게임 등으로 확장되어 글로벌 시장에서 흥행에 성공한 사례가 있다. 또한 북미 웹소설 플랫폼 래디시(Radish)와 웹툰 플랫폼 타파스(Tapas)를 통합하는 등 글로벌 플랫폼 경쟁력도 강화하고 있다.

엔터테크 분야에서는 AI와 데이터 기반의 혁신이 두드러진다. 카카오브레인과 공동 개발한 'AI 스토리 어시스턴트'는 작가의 문체를 학습해 캐릭터 설정, 세계관 구축, 대사 생성 등 창작 과정을 지원하며, 웹소설과 웹툰 제작의 효율을 높이고 있다. 2023년에는 주요 IP를 연결하는 '오리진 스토리 유니버스'의 정합성을 유지하고 확장하기 위한 AI 세계관 관리 시스템도 도입했다. 2억 명 이상의 글로벌 사용자 데이터를 분석하는 'K-콘텐츠 인사이트' 시스템은 IP 기획과 현지화 전략 수립에 활용되어, 〈나 혼자만 레벨업〉 등 글로벌 흥행작의 성공을 뒷받침하고 있다.

실감형·몰입형 콘텐츠 개발에도 박차를 가하고 있다. 독자의 선택에 따라 전개가 달라지는 인터랙티브 웹툰, AI 음성 합성 기술이 적용된 오디오 웹툰, 3D 가상 공간에서 스토리를 체험할 수 있는 메타버스 스토리월드 등 차세대 콘텐츠를 선보이고 있다. 특히 캐릭터의 성격과 상황에 맞는 음성을 제공하는 '컨텍스트 어웨어 보이스' 기술은 이용자 몰입도를 크게 높이고 있다.

음악 분야에서는 '카카오 뮤직 AI'를 활용해 아티스트 음악 제작과 마케팅을 최적화하고 있으며, 넷플릭스와 디즈니플러스 등 글로벌 플랫폼과의 협업, 유니버설뮤직·소니뮤직 등과의 K-팝 프로모션 등 다양한 글로벌 협력도 활발히 추진 중이다. 이와 함께 AI 음성 합성 스타트업 '스피크' 인수, XR 콘텐츠 제작사 '버추얼씨' 투자 등 기술 분야에 대한 투자와 인수도 적극적으로 진행하고 있다. 카카오

벤처스는 2022년 기준 500억 원 이상을 스타트업에 신규 및 후속 투자한 사실이 있으며, 카카오가 혁신 기술 및 콘텐츠 분야에 대규모 투자를 지속하고 있다.

YG엔터테인먼트, 팬덤과 기술 기반의 차세대 콘텐츠 전략

YG엔터테인먼트는 1996년 설립된 대한민국 대표 엔터테인먼트 기업으로, 빅뱅, 블랙핑크, 트레저, 베이비몬스터 등 세계적 아티스트를 배출하며 K-팝 산업을 선도해왔다. 음악 제작, 아티스트 매니지먼트, 콘서트, 방송 제작 등 전방위 사업을 펼치며, 강한 브랜드 정체성과 글로벌 팬덤을 기반으로 영향력을 확장해왔다.

최근 YG는 디지털 전환과 기술 기반 혁신에 박차를 가하고 있다. 과거에는 음악·공연 중심이었지만, 이제는 팬 소통, 콘텐츠 유통, 수익 구조 전반에 기술을 접목하고 있다. AI·블록체인·NFT 등 신기술은 YG의 엔터테크 전략의 핵심이다. 팬의 취향과 행동 데이터를 분석해 개인화된 콘텐츠를 제공하고, AI 챗봇과 가상 팬미팅 등의 서비스를 실험 중이다. 블록체인 분야에서는 글로벌 가상자산 거래소 바이낸스와 협력해 아티스트 지식재산권(IP)을 기반으로 한 디지털 자산(NFT)을 개발하고 있다. 이를 통해 팬들은 아티스트와 보다 깊이 연결될 수 있는 기회를 얻는다.

팬덤 비즈니스는 YG 성장 전략의 핵심 축이다. 글로벌 공식 쇼핑몰 YG SELECT는 굿즈, 앨범, 의류 등을 다국어·글로벌 배송 시스템으로 판매하며 팬 접근성과 만족도를 높이고 있다. 컴백·콘서트 등 주요 이벤트와 연계한 마케팅 전략도 효과적이다. 관련 자회사인 YG PLUS는 굿즈 및 MD 사업을 주도하며 2023년 기준 매출 2,236억 원, 영업이익 212억 원을 기록했다. 팬덤의 충성도는 YG 비즈니스 모델에서 가장 중요한 자산으로 평가된다.

    FAST 채널 전략도 주목할 만하다. FAST는 광고 기반 무료 스트리밍 서비스로, YG는 'YG TV' 채널을 미국, 일본, 유럽 등 글로벌 플랫폼에 공급하고 있다. 과거 콘텐츠의 생명력을 연장하고, 새로운 팬층을 확보하는 데 효과적이며, 광고 수익을 통한 추가 수익 창출도 가능하다. 국내외 FAST 플랫폼 운영사와의 협업을 통해 미국, 일본 등 핵심 시장에서 K-콘텐츠의 영향력을 넓히고 있다.

이처럼 YG는 엔터테크, 팬덤 기반 커머스, 글로벌 스트리밍 전략을 통해 콘텐츠 소비 방식의 변화를 주도하고 있다. 기술은 YG의 팬 소통, 콘텐츠 배포, 수익 창출 구조 전반에서 핵심 도구로 자리 잡았으며, 향후에도 이러한 기술 기반 전략은 더욱 고도화될 것으로 전망된다. YG는 전통적인 K-팝 기획사의 범위를 넘어 글로벌 IP 기반 테크 엔터테인먼트 기업으로 진화하고 있다.

엔터테크를 선도하는
주요 기업들

K-팝, 드라마, 애니메이션 등으로 대표되는 한국 콘텐츠 산업은 이제 엔터테크 기반의 새로운 성장 국면으로 진입하고 있다. 글로벌 팬덤의 확대, 디지털 미디어 환경의 변화, AI·데이터·인터랙티브 기술의 고도화는 콘텐츠의 기획·제작·유통 전 과정을 빠르게 재편하고 있다. 팬과의 소통 방식은 더욱 정교해지고, 콘텐츠의 형식은 현실과 가상의 경계를 넘나들며 진화하고 있으며, 유통 전략 또한 단순한 수출을 넘어 플랫폼 기반 생태계 구축으로 확장되고 있다.

이러한 전환의 중심에 각자의 기술적 강점과 창의성을 바탕으로 새로운 시장을 개척해 나가는 '엔터테크' 기업들이 있다. 버추얼 아이돌, 팬 경험 플랫폼, 메타버스, 쇼퍼블 TV, 에듀테크 등 다양한 분야에서 이들 기업은 콘텐츠와 기술의 융합을 통해 독자적인 경쟁력을 구축하고 있으며, 국내를 넘어 글로벌 시장에서도 눈에 띄는 성과를 거두고 있다.

블래스트, 기술과 세계관으로 구축한 새로운 아이돌 생태계

블래스트(VLAST)는 2022년 1월 설립된 버추얼 IP 스타트업으로, MBC 사내벤처 1기로 시작해 짧은 시간 안에 버추얼 K-팝 분야의 선두주자로 부상했다. 창업자 이성구 대표는 MBC에서 VFX 감독으로 활동하며 〈기황후〉, 〈W〉, 〈너를 만났다〉 등의 제작을 맡았던 시각효과 전문가로, 방송 제작 경험과 게임 엔진 기술을 융합해 새로운 형태의 엔터테인먼트를 창출하고자 회사를 설립했다. 초기에는 MBC와 IPX(구 라인프렌즈)로부터 24억 원 규모의 시드 투자를 유치해 기반을 다졌다.

블래스트의 대표작은 버추얼 보이그룹 '플레이브(PLAVE)'다. 언리얼 엔진 5로 제작된 이 그룹은 '우주에서 온 아이돌'이라는 세계관을 기반으로 도아, 유예찬, 노아, 범준, 아윤 5인으로 구성되며, 고퀄리티 퍼포먼스와 자연스러운 모션으로 실제 아이돌 못지않은 인기를 끌고 있다. 플레이브는 2023년 'WAY 4 LUV'로 버추얼 그룹 최초로 지상파 음악방송 1위를 달성했고, 초동 57만 장 판매, 24시간 멜론 스트리밍 600만 회, 유튜브 동시 시청자 3.6만 명 등 실적에서도 현실 아이돌과 대등한 성과를 보여주었다. 2024년 팬콘서트는 10분 만에 전석 매진되며 팬덤의 충성도를 입증했다.

이러한 성과는 블래스트의 핵심 기술력에서 비롯된다. 자체 개발한 '리얼타임 모션 캡처 시스템'은 전문 퍼포머의 움직임을 실시간으로 가상 캐릭터에 반영하며, 딥러닝 기반 '표정 리타겟팅 엔진'은 52개 얼굴 포인트를 추적해 세밀한 표정을 구현한다. 또한 'VLAST 프로덕션 파이프라인'을 구축해 모션 캡처, 렌더링, 스트리밍 전 과정을 효율적으로 통합 운영한다. '하이브리드 라이브 시스템'은 XR 무대 기술과 홀로그램, 리얼타임 레이트레이싱을 결합한 공연 솔루션으로, 버추얼 캐릭터가 실제 무대에서 공연하는 듯한 고품질 라이브 경험을 제공한다.

자금 유치도 빠르게 이뤄지고 있다. 2023년 DSC인베스트먼트와 하이브, YG플러스로부터 투자 유치를 받으며 기업 가치는 약 1,000억 원으로 평가된다. 이를 바탕으로 '아스테룸' 세계관 기반 메타버스 플랫폼 개발과, AI 기반 버추얼 휴먼 제작 도구 출시 등 사업 다각화를 추진 중이다. 이 제작 도구는 전문 지식 없이도 고품질 캐릭터를 만들 수 있어 B2B 시장 확대를 목표로 하고 있다.

블래스트는 교육 및 생태계 확장에도 힘쓰고 있다. '버추얼 프로덕션 아카데미'를 통해 실시간 게임 엔진, 모션 캡처 등 기술 교육을 제공하고 있으며, 서울대·KAIST 등과 산학협력을 맺고 연구를 진행 중이다.

향후 계획으로는 2025년까지 여성 버추얼 아이돌과 크로스오버 밴드를 포함한 2개 신규 버추얼 그룹을 론칭할 예정이다. 또한 실존 아티스트와 가상 캐릭터가 함께 활동하는 혼합형 프로젝트도 준비하고 있어, 현실과 가상을 넘나드는 새로운 K-팝 패러다임을 제시하고 있다.

블래스트는 기술 기반의 스토리텔링과 퍼포먼스를 통해 버추얼 엔터테인먼트 시장의 새로운 가능성을 열고 있으며, K-팝과 메타버스를 잇는 차세대 콘텐츠 기업으로 주목받고 있다.

노머스, 데이터와 기술 기반의 아티스트 비즈니스 혁신

노머스(NOMUS)는 2019년 설립된 엔터테인먼트 테크 기업으로, "아티스트와 팬을 이어주는 브릿지"라는 비전 아래, 데이터와 기술을 통해 엔터 산업의 불확실성을 해소하고 새로운 가치를 창출하는 데 집중하고 있다. 전통적으로 직관과 경험에 의존해온 엔터테인먼트 산업에 데이터 사이언스를 도입하여, 보다 과학적이고 체계적인 의사결정을 가능하게 하는 것이 핵심 전략이다.

대표 플랫폼 '프롬(Fromm)'은 아티스트와 팬 간 직접 소통, 멤버십 구독, 콘텐츠 제공, 커머스를 통합한 팬 경험 플랫폼으로, 2024년 기준 330명 이상의 아티스트가 입점해 있으며, 뉴진스, 잔나비, 10CM, 이무진 등 인기 아티스트들이 팬들과 활동을 이어가고 있다. 이 플랫폼의 차별점은 AI 기반 팬 데이터 분석 시스템으로, 팬의 콘텐츠 소비 패턴, 구매 이력, 활동 시간대 등을 분석해 아티스트 맞춤 팬 관리 전략을 제시한다.

'원더월(Wonderwall)'은 아티스트의 철학과 노하우를 전달하는 콘텐츠 플랫폼이다. 마스터클래스, 다큐멘터리, 라이브 공연 등 고품질 콘텐츠를 제공하며, 데이터 분석 기반의 '인사이트 드리븐 콘텐츠' 제작 방식과 AI 추천 엔진을 도입해 이용자의 감성·메시지 선호도에 맞춘 정교한 콘텐츠 큐레이션을 제공하고 있다. 이로 인해 사용자 체류 시간은 기존 대비 45% 증가했다.

노머스의 핵심 역량은 '데이터 기반 비즈니스 인텔리전스' 시스템이다. 빅데이터와 머신러닝을 통해 팬의 구매 패턴, 지역별 공연 수요, 굿즈 수요 예측 등을 분석하여 아티스트 IP의 효과적인 활용 전략을 제시한다. 예를 들어, 콘서트 티켓 판매와 SNS 데이터를 연계해 지역별 투어 일정 제안, 굿즈 생산량 예측 등을 수행하며 수익성과 운영 효율을 동시에 높이고 있다.

노머스는 이러한 역량을 바탕으로 '원 IP-멀티서비스' 전략을 전개하고 있다. 공연, 디지털 콘텐츠, 커머스를 하나의 팬 경험으로 통합해 충성도 높은 팬덤을 구축하며, 예를 들어 공연 티켓 구매자에게 디지털 콘텐츠 접근권을 제공하고, 이를 굿즈 구매로 연결하는 등의 유기적 흐름을 설계하고 있다.

2024년 11월, 노머스는 코스닥에 상장되었으며, 3분기 기준 매출 264억 원, 영업이익 37억 원을 기록하며 각각 전 분기 대비 55%, 97% 성장했다. 플랫폼과 MD, 공연 사업이 실적 개선을 견인했으며, 2025년까지 연간 매출 1,000억 원 달성을 목표로 하고 있다.

글로벌 확장도 본격화되고 있다. 미국 현지 법인을 설립해 MD 판매와 공연 기획 사업을 진행 중이며, 2025년에는 공연 매출의 85%

를 해외에서 창출할 계획이다. 일본, 동남아 등 한류 주요 시장으로의 진출도 확대 중이다.

기술적 역량 강화를 위해, 2023년 AI 연구팀을 신설하고 자연어 처리, 컴퓨터 비전, 추천 시스템 개발에 투자하고 있다. 특히 '아티스트 퍼포먼스 분석 AI'는 공연 영상 속 표정, 움직임, 관객 반응 등을 분석해 무대 연출 및 퍼포먼스 전략을 정교하게 설계하는 데 활용되고 있다.

노머스는 또한 '팬덤 이코노미 리서치 랩'을 운영하며, 지속가능한 팬덤 생태계 구축과 건강한 팬-아티스트 관계 정립을 위한 연구도 병행하고 있다. 기술 기반 팬덤 비즈니스의 새로운 모델을 제시하며, K-팝 중심의 글로벌 팬 경험 혁신을 주도하고 있다.

메이크스타, 팬 참여로 진화하는 K-팝 플랫폼

메이크스타(Makestar)는 2015년 설립된 K-팝 특화 글로벌 팬 플랫폼으로, 크라우드 펀딩 모델과 기술 기반 팬 서비스로 엔터테인먼트 산업의 디지털 전환을 선도하고 있다. 현재 239개국에서 사용자를 보유하고 있으며, 미국, 일본 등 185개국에서 매출이 발생하는 등 글로벌 플랫폼으로 자리매김했다.

메이크스타의 시작은 팬이 아티스트의 앨범, 콘서트, 화보 등 프로젝트에 직접 투자하고, 성공 시 리워드를 받는 크라우드 펀딩 서비스였다. 이는 중소 기획사와 신인 아티스트에게도 제작 기회를 제공하며, 글로벌 팬들과의 직접적인 연결 통로를 마련해주었다.

가장 대표적인 기술 혁신은 '포카앨범(Poca Album)' 시스템이다. 이는 NFC 태그가 내장된 포토카드로, 스마트폰 태깅을 통해 AR 콘텐츠, 비하인드 영상, 개인 메시지 등 독점 디지털 콘텐츠를 제공하는 신개념 앨범 포맷이다. 포카앨범은 디지털 시대에 물리적 앨범의 가치를 재해석했으며, 블랙핑크, 레드벨벳, 스트레이키즈 등 50개 이상의 K-팝 아티스트들이 이 포맷으로 음반을 출시했다.

'밋앤콜(Meet&Call)'은 대면 팬사인회와 영상통화를 결합한 하이브리드 팬미팅 플랫폼이다. 실시간 AI 번역, 다중 시점 카메라, 가상 배경 기술 등이 적용되어 언어·공간의 제약을 줄이고, '하이브리드 큐 시스템'을 통해 오프라인과 온라인 팬을 동시에 연결하는 구조를 구현했다. 팬데믹 이후에도 글로벌 팬 소통 채널로서 지속 활용되고 있다.

메이크스타는 글로벌 팬 데이터 플랫폼을 기반으로 팬들의 소비 패턴, 지역별 선호도 등을 분석하고, 이를 콘텐츠 기획, 투어 전략, 마케팅 등에 활용한다. 특히 '스마트 투어링' 서비스는 글로벌 팬 분포와 소비력 등을 기반으로 최적의 해외 공연 일정을 설계해, 중소 기획사의 글로벌 진출을 지원한다.

2023년 메이크스타는 전년 대비 100% 성장한 956억 원 매출을 기록하며 5년 연속 매출 성장을 달성했다. 700팀 이상의 아티스트와 2,249건의 프로젝트, 369개 협력 제작사와 협업을 진행했으며, 대형 아이돌은 물론 예능, 트로트 등 다양한 장르의 콘텐츠로 확장 중이다.

2024년에는 AI 기반 '팬 인게이지먼트 최적화 시스템'을 출시했다. 이 시스템은 팬의 참여도, 소비 패턴, 소통 방식 등을 분석해 아티스트와 팬 간의 최적 상호작용을 제안한다. 또한 팬 활동 데이터를 통합 관리하는 '원 팬 ID' 시스템도 개발 중으로, 개인화된 팬 경험을 제공할 예정이다.

글로벌 확장도 활발히 진행 중이다. 2023년 미국 법인을 설립해 북미 시장 공략을 본격화했으며, 일본과 동남아 지역에도 사무소를 운영 중이다. 2025년에는 공연 매출의 85%를 해외에서 올리는 것을 목표로, 글로벌 K-팝 플랫폼으로서의 입지를 강화하고 있다.

네이버 Z, 제페토로 완성하는 글로벌 메타버스

네이버 Z는 2018년 네이버의 자회사로 설립되어, 글로벌 메타버스 플랫폼 '제페토(ZEPETO)'를 운영하며 세계 4억 명 이상의 사용자를 확보한 대표적인 K-메타버스 기업이다. 특히 10~20대 초반 여성 사용자 비중이 높으며, 전체 이용자의 90% 이상이 해외 사용자일 정도로 진정한 글로벌 플랫폼으로 자리잡았다.

제페토는 고품질 3D 아바타 생성 기술로 시작해, 현재는 포토리얼리스틱 수준의 '하이퍼리얼 아바타'를 딥러닝 기반 얼굴 인식 및 3D 모델링 기술을 통해 제공하고 있다. 사용자는 사진 한 장만으로 자신을 닮은 정밀한 아바타를 수 초 내에 생성할 수 있다.

2024년에는 'Z-커머스' 생태계를 본격화하며 메타버스 내 경제 활동을 활성화하고 있다. 가상 의류, 디지털 부동산, 브랜드 숍 운영 등이 이뤄지고 있으며, 자체 화폐 'ZEM'과 '제미'를 통해 거래가 이뤄진다. 부분적으로 블록체인을 도입해 자산 소유권을 보장하고 있다. 구찌, 나이키, 디올, 프라다 등 100여 개 브랜드가 제페토에 입점해 가상 패션을 판매하며, 메타버스 패션 시장의 급성장을 이끌고 있다. 2023년 기준 제페토 내 패션 거래액은 약 1,000억 원에 달하며, 연 50% 이상 성장세를 보이고 있다.

몰입형 기술도 강화되고 있다. 'Z-프리젠스'는 VR 기기와 햅틱 장갑, 공간 오디오를 활용해 메타버스 내에서 실제와 유사한 물리 감각을 제공하며, 가상 콘서트나 팬미팅에서 활용되고 있다. 또한, 'Z-스튜디오'와 'Z-퍼포먼스' 기술을 통해 K-팝 아티스트의 실시간 가상 공연, AI 안무 생성 등도 구현하고 있으며, 블랙핑크 등 아티스트와 협력한 독점 공연이 성과를 보였다.

크리에이터 이코노미도 핵심 전략 중 하나다. 사용자가 직접 제작한 아바타 의상, 공간, 아이템을 거래할 수 있는 'ZEPETO 스튜디오'에는 전 세계 250만 명 이상이 참여하고 있으며, 월 평균 2,000만 개 이상의 아이템이 거래된다. 일부 상위 크리에이터는 월 수천만 원의 수익을 올리고 있으며, 제페토는 '크리에이터 아카데미'와 생성형 AI 기반의 '크리에이터 어시스턴트'를 통해 제작 효율도 지원하고 있다.

교육과 기업용 서비스 확장도 활발하다. '제페토 에듀'는 EF 등과 협업해 메타버스 영어교육을 제공하고 있으며, '제페토 비즈니스'는 현대차, 롯데, SK텔레콤 등과 함께 3D 디지털 트윈을 활용한 가상 회의·매장·교육 시스템을 운영하고 있다.

메타의 VR 기기 '퀘스트'와의 연동, 애플 iOS 최적화 AR 콘텐츠 개발, 구글과의 Android 기반 AR 기능 강화 등 다양한 글로벌 기업들과의 협업을 통해 플랫폼의 접근성과 기술력도 강화하고 있다.

CJ ENM, 기술과 콘텐츠 융합으로 글로벌 미디어 기업 도약

CJ ENM은 1995년 제일제당 미디어 사업부에서 출발하여 음악 채널 'm.net'을 시작으로 현재 대한민국을 대표하는 엔터테크 기업으로 성장했다. 초기 음악 채널에서 시작해 드라마, 영화, 예능, 애니메이션 등 다양한 장르로 사업 영역을 확장해왔으며, 현재는 미디어, 커머스, 디지털 플랫폼을 아우르는 종합 엔터테인먼트 기업으로 자리잡았다. 특히 K-콘텐츠 산업의 글로벌화를 주도하는 핵심 기업으로 평가받고 있다.

2024년 재무 실적을 살펴보면 매출 5조 2,314억 원을 달성하여 전년 대비 19.8%의 높은 성장률을 기록했다. 영업이익은 1,045억 원으로 흑자 전환에 성공했으며, 이는 전사적인 사업 포트폴리오 최적화와 효율성 개선의 결과로 분석된다. 미디어 사업부, 영화·드라마 제작 부문, 음악 사업, 커머스 사업 등 모든 주요 사업 영역에서 매출 증가를 보였다. 특히 OTT 서비스 '티빙'은 연매출 4,353억 원을 기록하며 전년 대비 33.4%의 급성장을 달성했고, 유료 가입자 수 확대와 함께 글로벌 시장 진출을 본격화하고 있다.

CJ ENM의 엔터테크 전략은 AI와 빅데이터 기술을 핵심으로 한다. 자체 개발한 AI 기술을 활용해 시나리오 분석, 영상 및 음성 합성, 3D 자동화 등 제작 과정의 효율성과 완성도를 크게 향상시켰다. 이러한 기술은 콘텐츠 기획 단계부터 제작, 유통에 이르는 전 과정에 적용되어 기존 제작 방식의 혁신을 이끌고 있다. AI를 통한 후반 작업 자동화로 제작 시간을 단축하고, 시각효과의 품질을 향상시키는 동시에 비용 효율성도 개선했다.

디지털 플랫폼 강화 전략도 주목할 만하다. OTT 서비스 '티빙'에서는 오리지널 콘텐츠와 글로벌 콘텐츠에 대한 투자를 지속적으로 확대하고 있으며, '엠넷플러스'를 통해 글로벌 K-팝 팬덤 커뮤니티를 구축했다. '온스타일'은 기존 방송 채널에서 라이프스타일 커머스 플랫폼으로 전환하여 사업 다각화를 추진하고 있다. 이러한 플랫폼들은 각각의 특성에 맞는 차별화된 콘텐츠와 서비스를 제공하며 시너지 효과를 창출하고 있다.

콘텐츠 제작 부문에서는 연간 1조 원 이상의 대규모 투자를 통해 제작 인프라를 지속적으로 고도화하고 있다. 새로운 스튜디오 설립, 최신 제작 장비 도입, 전문 인력 영입 등을 통해 제작 역량을 강화했다. 특히 AI 기술을 활용한 제작 과정의 자동화와 효율화에 집중하고 있으며, 이를 통해 기존 대비 제작 시간을 대폭 단축하면서도 품질은 향상시키는 성과를 거두고 있다.

CJ ENM의 AI 애니메이션
<Cat Biggie> (출처: CJ ENM)

모바일 라이브커머스 영역에서도 혁신적인 접근을 보이고 있다. 인기 콘텐츠 IP와 라이브커머스를 결합하여 기존 팬덤의 구매력을 효과적으로 전환시키고 있으며, 멀티채널 동시 송출 시스템을 통해 운영 효율성을 극대화했다. 이는 콘텐츠와 커머스의 융합을 통한 새로운 비즈니스 모델의 성공적인 사례로 평가받고 있다.

2025년 6월 공개된 AI 애니메이션 〈Cat Biggie〉는 CJ ENM의 AI 기술력을 보여주는 대표적인 성과다. 이 작품은 자체 AI 기술을 적용한 첫 번째 100% AI 생성 애니메이션으로, 대사 없는 2분짜리 에피소드 30편으로 구성된 단편 시리즈다. 고양이와 병아리의 일상을 그린 이 애니메이션은 단 6명의 제작팀이 5개월 만에 기획부터 캐릭터 개발, 최종 제작까지 모든 과정을 완료했다. 이는 기존 5분 분량의 3D 애니메이션 제작에 3~4개월이 소요되던 것과 비교해 혁신적인 제작 속도다.

〈Cat Biggie〉 제작에는 CJ ENM이 자체 개발한 'Cinematic AI' 플랫폼이 핵심적으로 활용되었다. 이 플랫폼은 이미지, 영상, 사운드, 음성, 3D 환경 제작을 통합적으로 자동화할 수 있는 시스템이다. 또한 'AI Script' 시스템을 통해 시장 트렌드와 소비자 수요를 실시간으로 분석하여 새로운 IP를 발굴하고 개발하는 과정도 자동화했다. 이러한 기술적 혁신은 기존 애니메이션 제작 패러다임을 근본적으로 바꾸는 성과로 평가받고 있다.

〈Cat Biggie〉는 2025년 7월부터 글로벌 유튜브 채널을 통해 공개되기 시작했으며, 이를 통해 전 세계 시청자들의 반응을 테스트하고 있다. CJ ENM은 이 프로젝트의 성과를 바탕으로 AI 기반 영화와 드라마 제작에도 진출할 계획을 발표했다. 이는 장편 콘텐츠 제작에서도 AI 기술의 활용 가능성을 확대하려는 전략적 접근이다.

글로벌 확장 전략 측면에서 CJ ENM은 2025년을 '글로벌 확장의 원년'으로 선포하고 적극적인 해외 진출을 추진하고 있다. 북미, 유럽, 중남미 등 주요 해외 시장에서의 현지화 전략과 협업 프로젝트를 동시에 진행하고 있으며, 현지 파트너사와의 전략적 제휴를 통해 시장 진입 속도를 가속화하고 있다.

투자 규모 확대도 주목할 만한 변화다. 2024년 연간 콘텐츠 투자 규모 1조 원에서 2025년에는 1조 1,500억 원으로 15% 확대했다.

이러한 대규모 투자는 글로벌 경쟁력 있는 콘텐츠 제작, 기술 개발, 인프라 구축 등에 집중적으로 투입되고 있다.

음악 사업 부문에서는 글로벌 멀티 레이블 시스템 구축, 해외 제작 스튜디오 설립, 글로벌 플랫폼 확대 등을 통해 K-팝의 글로벌 경쟁력을 더욱 강화하고 있다. 이는 한류 콘텐츠의 지속적인 글로벌 확산을 위한 체계적인 접근으로 평가된다.

산업 내에서 CJ ENM의 위상은 4차 산업혁명의 핵심 기술인 AI, 빅데이터, 디지털 플랫폼, 모바일 커머스 등을 선제적으로 도입하여 K-콘텐츠의 글로벌 경쟁력을 높이는 혁신 기업으로 인정받고 있다. 특히 최근 AI 애니메이션 〈Cat Biggie〉의 성공적인 제작과 공개는 엔터테크 기업으로서의 기술적 역량과 미래 비전을 명확히 보여주는 사례로 평가받고 있다. 앞으로도 지속적인 대규모 투자와 글로벌 전략을 바탕으로 미디어 및 콘텐츠 산업의 패러다임 변화를 주도할 것으로 전망된다.

뉴아이디, FAST와 쇼퍼블 TV로 글로벌 미디어 시장 재편

뉴아이디(NEW ID)는 영화 투자·배급사 NEW(Next Entertainment World)의 사내 벤처로 시작해 2019년 10월 공식 설립된 엔터테인먼트 테크 기업이다. 초기에는 콘텐츠 투자·배급에 집중했지만, 광고 기반 무료 실시간 스트리밍 모델인 FAST의 성장 가능성에 주목해 과감히 글로벌 시장에 뛰어들었다.

뉴아이디는 현재 전 세계에서 200개 이상의 FAST 채널을 운영 중이다. K-팝, 드라마, 영화, 키즈 등 다양한 K-콘텐츠를 중심으로 북미·유럽·남미에 채널을 확장했으며, 2020년에는 컴캐스트의 주모(Xumo), LG 채널스를 통해 'K.ID', 'KMOVIES' 채널을 출시했다.

뉴아이디는 콘텐츠 유통뿐 아니라 자체 광고 플랫폼 '디맨드+(Demand+)'를 통해 광고주에게 타겟 맞춤형 솔루션을 제공한다. FAST와 VOD 환경 모두를 지원하며 시청 데이터를 분석해 광고 효율을 극대화한다. 또, '쇼퍼블 TV' 기술을 통해 시청 중 QR 코드나 배너를 통해 제품 구매로 즉시 연결되는 상호작용형 커머스 기능을 구현하고 있다. 대표 사례로 포드(Ford) 광고 캠페인에서는 TV 화면의 QR 코드로 자동차 시승 예약이 가능하도록 하여 주목을 받았다.

2023년에는 BMW 차량에 국내 미디어 기업 최초로 FAST 채널을 공급해 5시리즈 운전자에게 14개 채널을 제공했다. 이는 단순 영상 제공을 넘어 차량 내 엔터테인먼트를 커머스와 연결하는 전략으로, 향후 쇼퍼블 TV와의 결합을 통해 차량 스크린 기반의 상거래 플랫폼으로 확대할 계획이다. 글로벌 자동차 엔터테인먼트 기업 티보(TiVo), 엑스페리(Xperi) 등과의 협력도 본격화되고 있다.

같은 해 북미 지역에 K-콘텐츠 전용 FAST 플랫폼 '빈지 코리아(BINGE Korea)'를 런칭하며, K-팝, 드라마, 영화, 예능, 키즈, 푸드 등 콘텐츠를 제공하고 있다. 삼성 TV플러스, LG 채널스, 아마존 파이어 TV, 로쿠, 비지오 등 주요 플랫폼과의 입점을 통해 시청자 기반을 넓히고 있으며, 한류 팬덤이 강한 남미 시장에서는 FAST 채널만으로도 콘텐츠 수요가 급증해 2023년 무역의 날 200만 불 수출탑을 수상하는 성과로 이어졌다.

이 같은 빠른 성장은 경쟁이 본격화되기 전 글로벌 시장에 선제적으로 진출한 전략, 그리고 콘텐츠 편성부터 광고 집행, 데이터 분석까지 통합적으로 운영하는 기술력 덕분이다. 뉴아이디는 AVOD 모델을 넘어 쇼퍼블 TV, 차량 인포테인먼트, 크로스 미디어 커머스 등으로 비즈니스를 확장하며, 2028년까지 연간 시청 시간 2억 시간을 달성하겠다는 목표를 세웠다. 앞으로도 글로벌 시장을 무대로 차별화된 기술과 콘텐츠를 앞세워 미디어 혁신 기업으로 도약하고자 한다.

핑크퐁컴퍼니, 엔터테크로 키즈 엔터테인먼트를 재정의

핑크퐁컴퍼니는 2010년에 설립된 가족 엔터테인먼트 기업으로, 대표 IP인 '핑크퐁'과 '아기상어(Baby Shark)', 그리고 '베베핀' 등을 앞세워 전 세계적으로 독보적인 브랜드 입지를 확보했다. 이 회사는 전 세계 25개 언어로 현지화된 콘텐츠를 244개국에 서비스하며, 유튜브, OTT, TV, 공연, 상품, 앱 등 다양한 플랫폼을 통해 사업을 전개하고 있다.

2024년 기준, 핑크퐁컴퍼니의 연간 매출은 약 974억 원, 영업이익은 188억 원, 당기순이익은 50억 원에 달한다. 해외 매출 비중은 74%로, 유럽과 남미 등지에서 디지털 굿즈 및 교육 완구 판매가 크게 증가한 것으로 조사되었다. 2025년 1분기 실적으로는 영업이익

61억 원, 순이익 53억 원이 언급되나, 이는 공식 자료로 완전히 확인되지는 않았다. 전체적으로 2024년 흑자 기조가 이어지며 회복세를 보이고 있다.

핵심 경쟁력으로는 기술과 콘텐츠의 융합이 있다. 핑크퐁컴퍼니는 데이터 분석 기반의 콘텐츠 기획 및 제작 시스템을 도입해, 시청자 맞춤형 콘텐츠를 제공하고 있다. 특히, AI 분석 시스템과 생성형 AI 조직을 활용해 애니메이션 제작의 효율을 대폭 높였다. 예를 들어, AI 기반 시나리오 분석과 캐릭터 동작 자동화, 음성 합성 등 다양한 생성형 AI 기술이 실제 콘텐츠 제작 과정에 적용되고 있다. 이로써 제작 기간 단축과 비용 절감, 그리고 다국어 버전의 신속한 현지화가 가능해졌다. 또한, AR·VR 등 신기술을 접목한 인터랙티브 학습 및 놀이 경험을 제공하는 신사업 플랫폼도 개발 중이다.

글로벌 협업 역시 활발하다. 디즈니, 세서미 스트리트, 마블 등 세계적인 엔터테인먼트 기업과의 협업 프로젝트를 추진하고 있으며, 파리와 런던 등 유럽 현지에 자회사를 설립해 라이선싱 사업을 강화하고 있다. 구독 기반 매출과 글로벌 라이선싱 계약도 꾸준히 증가하고 있으며, 유럽과 아메리카 등 아시아 외 시장에서의 매출 비중이 확대되고 있다.

특히, 2021년부터는 광고 기반 무료 스트리밍 TV(FAST, Free Ad-Supported Streaming TV) 시장에 진출했다. 삼성 TV 플러스, 로쿠, 플루토TV, LG채널 등 글로벌 주요 FAST 플랫폼에 '핑크퐁', '베이비샤크 TV', '베베핀' 등 전용 채널을 런칭했고, 2024년에는 '베베핀'

채널을 삼성 TV 플러스에 추가 개설하며 FAST 시장 공략을 가속화했다. 이 채널들은 영어, 한국어 등 다양한 언어로 서비스되며, 방대한 콘텐츠 라이브러리와 현지화된 편성 전략을 통해 글로벌 시청자 기반을 넓히고 있다. FAST 채널 진출로 과거 IP의 새로운 수익화 기회를 확보했고, 신생 IP의 글로벌 인지도를 빠르게 확산시키는 데 성공했다. 라틴아메리카 등에서는 누적 시청 시간 3,000만 시간을 돌파하는 등 성과도 뚜렷하다.

디지털 콘텐츠 소비가 빠르게 증가하는 가운데, 핑크퐁컴퍼니는 AR·VR, 메타버스 등 신기술을 접목한 신사업에도 적극적으로 진출하고 있다. 또한, 친환경 콘텐츠 제작과 유니세프와의 환경 교육 협력 등 사회공헌 활동도 활발히 추진 중이다.

종합하면, 핑크퐁컴퍼니는 글로벌 IP 파워와 기술·콘텐츠 융합, AI 기반 혁신, FAST 채널 등 신사업 확장 전략을 바탕으로 가족 엔터테인먼트 시장에서 독보적 입지를 강화하고 있다. 최근에는 일본, 유럽 등 해외 시장 공략과 B2B·B2C 사업 다각화, 신기술 접목을 통해 새로운 성장 동력을 확보하고 있다.

---- 에필로그 ----

호모 슈퍼패노믹스, 새로운 인류의 등장

우리는 지금 새로운 종족의 탄생을 목격하고 있다. 그리고 이 책은 바로 그 변화의 기록이다. 호모 사피엔스에서 호모 이코노미쿠스를 거쳐, 이제 호모 슈퍼패노믹스(Homo Superfanomics)의 시대가 열렸다. 이는 슈퍼팬이 경제적 주체로 부상하는 현상을 인류학적·경제학적으로 상징한다. 이 책은 그 변화의 현장을 담은 증언이자 기록이다.

슈퍼팬은 단순히 소비하지 않는다. 사랑하고, 믿고, 전도한다. 이들에게 브랜드는 종교이고, 구매는 신앙고백이며, 추천은 선교활동이다. 이 새로운 인류는 기존의 경제학 법칙을 무너뜨렸다. 가격탄력성? 호모 슈퍼패노믹스에게는 통하지 않는다. 기회비용? 사랑 앞에서는 무의미하다. 합리적 선택이론? 그들의 선택은 감정에서 나온다.

호모 슈퍼패노믹스가 새로운 국경을 만든다

BTS 아미들에게 한국과 미국, 브라질과 인도의 경계는 없다. 그들은 방탄공화국의 시민이다. 애플의 호모 슈퍼패노믹스들에게 iOS는 단순한 운영 체제가 아니라 하나의 문명이다. 테슬라의 호모 슈퍼패노믹스들은 전기차 동호회가 아니라 지구를 구하는 환경 전사들의 연합체다.

전통적인 국가가 세금으로 충성심을 샀다면, 호모 슈퍼패노믹스 국가는 감동으로 시민을 만든다. 물리적 국경 대신 감정적 유대로, 법과 제도 대신 가치와 신념으로 결속된 새로운 형태의 공동체가 탄생하고 있다.

호모 슈퍼패노믹스 국가의 경제력은 실제 국가를 능가하기도 한다. 애플의 시가총액은 대다수 국가의 GDP를 뛰어넘고, BTS가 한국 경제에 미치는 영향은 웬만한 대기업보다 크다. 맨체스터 유나이티드의 글로벌 호모 슈퍼패노믹스들이 만드는 경제 생태계는 하나의 거대한 경제권이다. 이 책은 이러한 놀라운 변화들을 실시간으로 포착한 기록서다.

호모 슈퍼패노믹스가 새로운 민주주의를 만들고 있다

전통적 민주주의가 1인 1표의 원칙이라면, 호모 슈퍼패노믹스 민주주의는 1인 n표의 세계다. 더 많이 사랑할수록, 더 많이 참여할수록 더 많은 발언권을 갖는다. 크라우드 펀딩, 사전주문, 팬 투표, 커뮤니티 거버넌스. 호모 슈퍼패노믹스들은 단순한 소비자에서 공동 창조자로, 관찰자에서 의사결정자로 진화하고 있다. 수천 년간 이어진 생산자와 소비자의 경계가 무너지고 있다.

이들은 경제적 투표권을 행사한다. 지갑을 여닫는 행위로 기업의 성패를 좌우하고, 브랜드의 미래를 결정한다. 호모 슈퍼패노믹스들의 집단적 의사결정은 때로는 정부보다, 전문가보다 더 강력한 영향력을 발휘한다.

호모 슈퍼패노믹스가 불멸을 선사한다

기업의 수명이 점점 짧아지는 시대, 진정한 호모 슈퍼패노믹스를 가진 브랜드만이 영생을 얻는다. 코카콜라는 139년, 디즈니는 100년, 할리데이비슨은 120년. 이들이 살아남은 이유는 좋은 제품 때문이 아니라 세대를 넘나드는 호모 슈퍼패노믹스들 때문이다.

호모 슈퍼패노믹스들은 브랜드를 문화 유전자(밈)로 만든다. 부모에서 자식으로, 친구에서 친구로 전해지는 살아있는 유산. 제품은 사라져도 이야기는 남고, 기술은 구식이 되어도 감정은 영원하다. 이들은 브랜드에 시간의 벽을 넘나드는 힘을 부여한다. 경기 침체, 기술 변화, 세대교체를 모두 뛰어넘어 브랜드를 지켜내는 것이 바로 호모 슈퍼패노믹스들의 힘이다.

호모 슈퍼패노믹스가 새로운 진화를 이끈다

생물학적 진화가 자연 선택으로 이뤄졌다면, 문화적 진화는 호모 슈퍼패노믹스 선택에 의해 이뤄진다. 살아남는 것은 가장 강한 것이 아니라 가장 사랑받는 것이다. 호모 슈퍼패노믹스들은 집단 지성을 만들어낸다. 수백만 명의 호모 슈퍼패노믹스들이 브랜드를 위해 아이디어를 내고, 문제를 해결하고, 새로운 가능성을 찾아낸다. 어떤 R&D 센터도, 어떤 컨설팅 회사도 이들의 창조력과 헌신을 따라올 수 없다.

이들은 단순한 소비자가 아니라 브랜드의 공동 진화자다. 그들이 사랑하는 브랜드는 그들과 함께 성장하고, 그들의 피드백으로 진화하며, 그들의 열정으로 확산된다. 호모 슈퍼패노믹스는 경제적 다윈주의의 새로운 변수가 되었다.

호모 슈퍼패노믹스가 세상을 치유한다

분열과 갈등의 시대에, 호모 슈퍼패노믹스들은 인류를 다시 하나로 묶는다. 언어와 문화, 종교와 이념을 뛰어넘어 같은 것을 사랑하는 사람들이 만나 우정을 나눈다. 올림픽보다, 월드컵보다, 어떤 국제회의보다 강력한 화합의 힘을 발휘한다.

코로나19로 세상이 멈춰섰을 때, 호모 슈퍼패노믹스들이 희망을 지켜냈다. BTS의 온라인 콘서트에서 전 세계 호모 슈퍼패노믹스들이 함께 노래했고, 넷플릭스 시리즈를 보며 집콕 생활을 견뎠으며, 게임 속에서 친구들과 만나 위로를 받았다. 호모 슈퍼패노믹스들이 인류의 면역체계 역할을 했다. 이 모든 현상이 이 책에 상세히 기록되어 있다. 이들의 사랑은 단순한 소비를 넘어 사회적 연대로 발전한다. 좋아하는 브랜드를 통해 만난 사람들과 평생의 우정을 쌓고, 공통의 관심사로 새로운 공동체를 형성하며, 함께 더 나은 세상을 만들어간다.

당신의 기업도 호모 슈퍼패노믹스를 만들 수 있다

이 모든 기적은 당신의 기업에서도 시작될 수 있다. 당신이 진심으로 사랑하는 무언가를 세상과 나누는 순간, 당신은 누군가에게 새로운 삶의 이유가 된다. 당신의 작은 창작물이 누군가의 인생을 바꾸고, 당신의 브랜드가 누군가의 정체성이 되며, 당신의 이야기가 누군가의 희망이 된다.

호모 슈퍼패노믹스는 이제 어떤 기업이든 만들 수 있다. 유튜브 크리에이터, 인스타그램 인플루언서, 틱톡 스타들이 증명하듯, 1인 기업도 수백만 명의 호모 슈퍼패노믹스를 거느릴 수 있는 시대다. 중요한 것은 규모가 아니라 진심이다.

동시에 당신의 기업도 다른 브랜드의 호모 슈퍼패노믹스가 될 수 있다. 성공하는 기업들의 특징은 자신들이 사용하는 도구와 서비스에 대한 순수한 열정이다. 그 열정이 기업을 더 혁신적으로 만들고, 더 의미 있는 가치를 창조하게 하며, 더 깊은 고객 관계를 맺게 해준다.

호모 슈퍼패노믹스가 경제의 새로운 법칙을 만든다

전통적인 경제학에서 소비자는 수동적 존재였다. 기업이 만든 제품을 선택하거나 거부하는 것이 전부였다. 하지만 호모 슈퍼패노믹스는 능동적 경제 주체다. 이들은 브랜드의 방향성을 제시하고, 제품 개발에 참여하며, 마케팅을 대신하고, 심지어 투자까지 한다.

이들이 만드는 경제는 기존의 공급과 수요 법칙을 뛰어넘는다. 수요가 공급을 창조하고, 팬덤이 시장을 만들며, 사랑이 가격을 결정한다. 호모 슈퍼패노믹스들에게는 비싸서 사지 못하는 것이 아니라, 사랑해서 반드시 사야 하는 것이 된다.

호모 슈퍼패노믹스가 쓰는 새로운 창세기, 그 기록의 완성

우리는 인류 문명사의 새로운 장을 쓰고 있다. 농업혁명이 정착을 가능하게 했고, 산업혁명이 풍요를 가져다주었다면, 호모 슈퍼패노믹스 혁명은 '의미'를 선사한다. 이 책은 바로 그 혁명의 전 과정을 담은 최초의 완전한 기록이다.

역사의 위대한 전환점들은 시간이 한참 지난 나중에야 기록되었다. 르네상스를 살던 사람들은 자신이 르네상스 시대를 살고 있다는 사실을 몰랐고, 산업혁명의 한복판에 있던 사람들도 그 변화의 의미를 실시간으로 깨닫지 못했다. 그러나 호모 슈퍼패노믹스의 등장은 다르다. 우리는 지금 이 순간, 변화가 일어나고 있음을 인식하고 있으며, 이 책이 바로 그 생생한 목격담이다.

이제 사람들은 생존을 위해서가 아니라 소속감을 위해 일한다. 필요에 의해서가 아니라 사랑하기 때문에 소비한다. 의무가 아니라 열정으로 참여한다. 호모 슈퍼패노믹스들은 새로운 경제 질서를 만든다. 이들에게 경제 활동은 단순한 거래가 아니라 사랑의 표현이다. 이들이 만드는 시장은 효율성보다 감동을, 이익보다 가치를, 경쟁보다 공감을 추구한다.

새로운 경제 질서의 건축가가 되어라

호모 슈퍼패노믹스의 시대, 당신의 기업은 어떤 역할을 할 것인가? 새로운 팬덤 생태계의 중심이 될 것인가, 아니면 기존 브랜드의 충성스러운 파트너가 될 것인가? 아니면 두 역할을 모두 해낼 것인가? 호모 슈퍼패노믹스의 세상에서는 모든 기업이 창조자이자 소비자, 혁신자이자 협력자가 될 수 있다. 당신이 다른 브랜드의 슈퍼팬이 되는 것만큼이나, 다른 기업이 당신의 슈퍼팬이 되는 것도 자연스러운 일이다.

가장 중요한 것은 진정성이다. 호모 슈퍼패노믹스들은 가식을 본능적으로 거부한다. 그들이 사랑하는 것은 완벽함이 아니라 진심이고, 화려함이 아니라 일관성이며, 규모가 아니라 깊이다. 기업도 마찬가지다. 진정성 없는 마케팅은 호모 슈퍼패노믹스 시대에는 통하지 않는다.

호모 슈퍼패노믹스가 꿈꾸는 유토피아는 이미 시작되었다. 그리고 이 기록은 계속된다.

호모 슈퍼패노믹스가 지배하는 세상에는 억지로 하는 마케팅이 없다. 모든 커뮤니케이션이 진심에서 시작되고, 모든 관계가 신뢰에서 출발하며, 모든 성공이 함께 나누는 가치가 된다.

호모 슈퍼패노믹스들은 이미 우리 주변에 있다. 특정 브랜드의 제품만 고집하는 기업들, 해마다 같은 파트너사와 거래하는 회사들, 좋아하는 플랫폼의 모든 서비스를 활용하는 조직들. 이들이 바로 새로운 B2B 경제의 주역들이다. 이 책은 이야기의 끝이자 시작이다. 호모 슈퍼패노믹스의 이야기는 지금도 계속 쓰여지고 있고, 당신도 당신의 기업도 그 이야기의 주인공이 될 수 있다.

팬·기술·플랫폼이 만들어내는 콘텐츠 이코노미 2.0
슈퍼팬의 시대

초판	1쇄 인쇄	2025년 7월 18일
	1쇄 발행	2025년 7월 25일

지은이　　한정훈
펴낸이　　박경수
펴낸곳　　페가수스

등록번호　제2011-000050호
등록일자　2008년 1월 17일
주소　　　서울시 노원구 월계로 334, 720호
전화　　　070-8774-7933　팩스　0504-477-3133
이메일　　pegasusbooks@naver.com

ISBN　　 978-89-94651-64-4 03320

ⓒ 한정훈 2025

이 책은 저작권법에 따라 보호받는 저작물이므로 무단 전재와 무단 복제를 금지하며,
이 책 내용의 전부 또는 일부를 이용하려면 반드시 저작권자와 도서출판 페가수스의
서면동의를 받아야 합니다.

※잘못된 책은 바꾸어 드립니다.
※책값은 뒤표지에 있습니다.